Sistemas de ensino: legislação e política educacional para a educação básica

Kátia Cristina Dambiski Soares
Marcos Aurélio Silva Soares

inter
saberes

Sistemas de ensino: legislação e política educacional para a educação básica

Kátia Cristina Dambiski Soares
Marcos Aurélio Silva Soares

2ª edição revista e atualizada

Rua Clara Vendramin, 58 – Mossunguê
CEP 81200-170 – Curitiba – PR – Brasil
Fone: (41) 2106-4170
www.intersaberes.com
editora@intersaberes.com

Editora-chefe — Lindsay Azambuja

Gerente editorial — Ariadne Nunes Wenger

Assistente editorial — Daniela Viroli Pereira Pinto

Edição de texto — Caroline Rabelo Gomes, Natasha Saboredo

Projeto gráfico — Frederico Santos Burlamaqui

Capa — Denis Kaio Tanaami (*design*), Charles L. da Silva (adaptação), sr-art studio, Janaka Dharmasena e PSboom/Shutterstock

Diagramação — Cassiano Darela

Equipe de *design* — Charles L. da Silva, Luana Machado Amaro

Iconografia — Regina Claudia Cruz Prestes

Dados Internacionais de Catalogação na Publicação (CIP)
(Câmara Brasileira do Livro, SP, Brasil)

Soares, Kátia Cristina Dambiski
Sistemas de ensino : legislação e política educacional para a educação básica / Kátia Cristina Dambiski Soares, Marcos Aurélio Silva Soares. -- 2. ed. rev. e atual. -- Curitiba : Editora Intersaberes, 2023. -- (Série fundamentos da educação)

Bibliografia.
ISBN 978-85-227-0385-2

1. Educação - Brasil 2. Educação e Estado - Brasil 3. Ensino - Legislação - Brasil 4. Política educacional I. Soares, Marcos Aurélio Silva. II. Título. III. Série.

22-140630 CDD-370.981

Índices para catálogo sistemático:

1. Brasil : Educação 370.981

Cibele Maria Dias - Bibliotecária - CRB-8/9427

Foi feito o depósito legal.

1ª edição, 2017.
2ª edição revista e atualizada, 2023.

Sumário

Epígrafe

A educação básica é um conceito mais do que inovador para um país que, por séculos, negou, de modo elitista e seletivo, a seus cidadãos, o direito ao conhecimento pela ação sistemática da organização escolar. Resulta daí que a educação infantil é a base da educação básica, o ensino fundamental é o seu tronco e o ensino médio é seu acabamento, e é de uma visão do todo como base que se pode ter uma visão consequente das partes.
(Cury, 2002a, p. 170)

Apresentação

Neste livro, temos como objetivo apresentar os aspectos legais e organizacionais do sistema educacional brasileiro. Nesse sentido, buscamos discutir as ações das políticas educacionais nos níveis da União, dos estados, do Distrito Federal e dos municípios, trazendo para o debate questões como a organização do sistema escolar brasileiro; a caracterização dos diferentes níveis, etapas e modalidades de ensino; a legislação educacional brasileira; o financiamento da educação; as especificidades de cada etapa da educação básica (educação infantil, ensino fundamental e ensino médio); as diferentes modalidades de ensino da educação básica (ensino profissionalizante, educação do campo, educação especial, educação indígena, educação escolar quilombola, educação de jovens e adultos e educação a distância); e a formação de professores.

Com a finalidade de analisar essas questões de forma integrada e não linear, em cada um dos cinco capítulos que compõem esta obra, há três dimensões articuladas que norteiam as discussões: organização e estrutura dos sistemas de ensino (União, estados, Distrito Federal e municípios), legislação educacional e políticas públicas educacionais.

No Capítulo 1, "Sistemas de ensino, políticas e legislação educacional", trataremos, de modo geral, da organização do ensino no Brasil. Abordaremos a conceituação de *sistema de ensino*, explicando o motivo pelo qual temos atualmente, em nosso país, *sistemas de ensino* (no plural), e não um sistema único, como aponta o art. 13 do Plano Nacional de Educação – PNE (Lei n. 13.005/2014), em razão das peculiaridades nos âmbitos da União, dos estados, do Distrito Federal e dos municípios. Além disso, traremos a previsão da Constituição Federal (Brasil, 1988) de que haja um regime de colaboração entre os diferentes entes da federação; analisaremos a definição de *sistema* relacionada à ideia de atividade sistematizadora – portanto, intencional, organizada e planejada; e discutiremos a importância da legislação educacional e sua relação com a definição das políticas educacionais.

No Capítulo 2, "Educação infantil no Brasil", apresentaremos a primeira etapa da educação básica no Brasil, iniciando pela concepção de *educação infantil* relacionada aos princípios de cuidar, educar e brincar. Em seguida, indicaremos os principais documentos e leis que norteiam essa fase, entre os quais destacamos a Constituição Federal, a Lei de Diretrizes e Bases da Educação Nacional – LDBEN (Lei n. 9.394/1996) e as Diretrizes Curriculares Nacionais para a Educação Infantil (DCNEI). Lembramos que, com a aprovação da Emenda n. 59/2009 e, posteriormente, da Lei n.12.796/2013, a educação infantil passou a ser obrigatória a partir dos 4 anos de idade. Para finalizar o capítulo, trataremos da questão das políticas educacionais no campo da educação infantil, com destaque para o programa Proinfância, do Governo federal.

No Capítulo 3, "Ensino fundamental no Brasil", abordaremos em conjunto as duas fases da educação básica: do 1º ao 5º ano; e, posteriormente, do 6º ao 9º ano de ensino, totalizando nove anos de ensino obrigatório. Ressaltaremos a importância do ensino fundamental com relação à alfabetização e ao letramento dos alunos, bem como ao acesso às bases de matemática, história, geografia, ciências, arte e educação física. Também apresentaremos e discutiremos documentos e leis da área educacional que se relacionam com essa etapa da educação básica, bem como debateremos as políticas educacionais, com destaque para as metas do PNE.

No Capítulo 4, "Ensino médio e profissionalizante no Brasil", analisaremos os problemas historicamente relacionados a essa etapa de ensino e os desafios atuais depois da imposição de sua obrigatoriedade com a aprovação da Emenda n.59/2009 e, posteriormente, da Lei n. 12.796/2013, algo que atingiu jovens entre 15 e 17 anos de idade. Trataremos das diferentes funções historicamente atribuídas ao ensino médio: profissionalizante, propedêutica e formativa. Além disso, procuraremos esclarecer o que é o ensino profissionalizante e como essa modalidade da educação básica relaciona-se ao ensino médio.

No decorrer dos Capítulos 2, 3 e 4, serão abordados alguns dos principais destaques da Base Nacional Comum Curricular (BNCC) tendo em vista seu caráter normativo, que define aprendizagens essenciais ao longo da educação básica, tendo como documentos balizadores o PNE, a LDBEN e as DCN.

Por fim, no quinto e último capítulo, examinaremos as "Modalidades de ensino da educação básica". São elas: ensino profissionalizante (já tratada no Capítulo 4), educação especial, educação de jovens e adultos (EJA), educação do campo, educação indígena, educação quilombola e educação a distância (EAD). Nos sistemas de ensino, essas modalidades desenvolvem-se articuladas e, muitas vezes, transversalmente relacionadas aos níveis e etapas de ensino. Destacaremos, em linhas gerais, a legislação e as políticas educacionais relacionadas a cada uma das modalidades apresentadas.

Ressaltamos que de modo algum pretendemos esgotar as discussões nesse campo tão abrangente da legislação e das políticas educacionais relacionadas à organização da educação em nosso país, pois, com certeza, há lacunas a serem preenchidas por novas discussões e debates. Entretanto, convidamos você, leitor(a), a acompanhar as ideias aqui apresentadas, esperando contribuir para a reflexão crítica sobre o assunto; afinal, a organização do ensino no Brasil é tema bastante importante para todos aqueles que se preocupam com a oferta de uma educação de qualidade para toda a população brasileira.

Como aproveitar ao máximo este livro

Empregamos nesta obra recursos que visam enriquecer seu aprendizado, facilitar a compreensão dos conteúdos e tornar a leitura mais dinâmica. Conheça a seguir cada uma dessas ferramentas e saiba como elas estão distribuídas no decorrer deste livro para bem aproveitá-las.

• Introdução do capítulo

Logo na abertura do capítulo, informamos os temas de estudo e os objetivos de aprendizagem que serão nele abrangidos, fazendo considerações preliminares sobre as temáticas em foco.

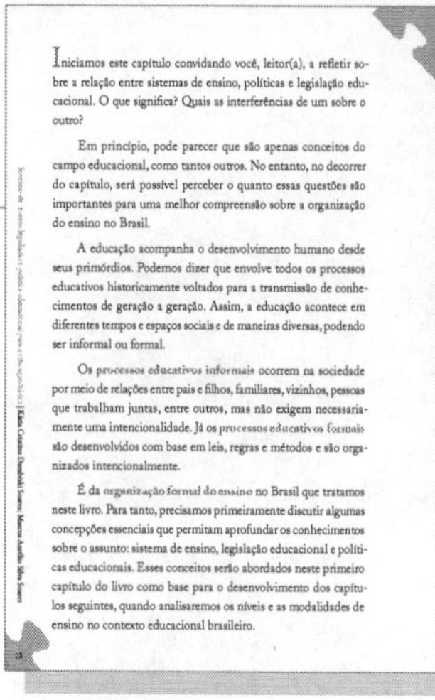
Iniciamos este capítulo convidando você, leitor(a), a refletir sobre a relação entre sistemas de ensino, políticas e legislação educacional. O que significa? Quais as interferências de um sobre o outro?

Em princípio, pode parecer que são apenas conceitos do campo educacional, como tantos outros. No entanto, no decorrer do capítulo, será possível perceber o quanto essas questões são importantes para uma melhor compreensão sobre a organização do ensino no Brasil.

A educação acompanha o desenvolvimento humano desde seus primórdios. Podemos dizer que envolve todos os processos educativos historicamente voltados para a transmissão de conhecimentos de geração a geração. Assim, a educação acontece em diferentes tempos e espaços sociais e de maneiras diversas, podendo ser informal ou formal.

Os processos educativos informais ocorrem na sociedade por meio de relações entre pais e filhos, familiares, vizinhos, pessoas que trabalham juntas, entre outros, mas não exigem necessariamente uma intencionalidade. Já os processos educativos formais são desenvolvidos com base em leis, regras e métodos e são organizados intencionalmente.

É da organização formal do ensino no Brasil que tratamos neste livro. Para tanto, precisamos primeiramente discutir algumas concepções essenciais que permitam aprofundar os conhecimentos sobre o assunto: sistema de ensino, legislação educacional e políticas educacionais. Esses conceitos serão abordados neste primeiro capítulo do livro como base para o desenvolvimento dos capítulos seguintes, quando analisaremos os níveis e as modalidades de ensino no contexto educacional brasileiro.

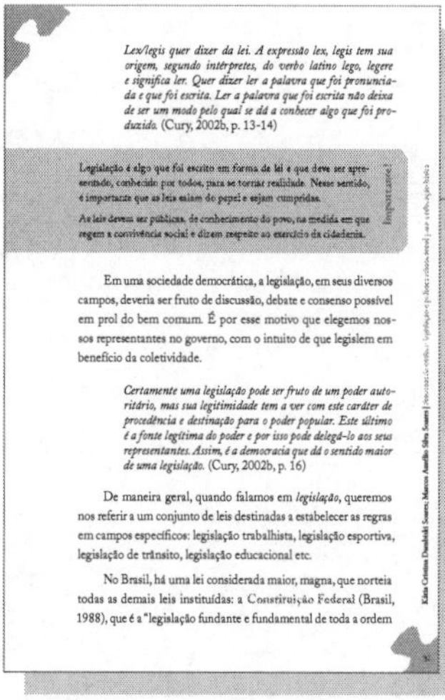
Lex/legis quer dizer da lei. A expressão lex, legis tem sua origem, segundo intérpretes, do verbo latino lego, legere e significa ler. Quer dizer ler a palavra que foi pronunciada e que foi escrita. Ler a palavra que foi escrita não deixa de ser um modo pelo qual se dá a conhecer algo que foi produzida. (Cury, 2002b, p. 13-14)

Importante!

Legislação é algo que foi escrito em forma de lei e que deve ser apresentado, conhecido por todos, para se tornar realidade. Nesse sentido, é importante que as leis saiam do papel e sejam cumpridas.

As leis devem ser públicas, de conhecimento do povo, na medida em que regem a convivência social e dizem respeito ao exercício da cidadania.

Em uma sociedade democrática, a legislação, em seus diversos campos, deveria ser fruto de discussão, debate e consenso possível em prol do bem comum. É por esse motivo que elegemos nossos representantes no governo, com o intuito de que legislem em benefício da coletividade.

Certamente uma legislação pode ser fruto de um poder autoritário, mas sua legitimidade tem a ver com este caráter de procedência e destinação para o poder popular. Este último é a fonte legítima do poder e por isso pode delegá-lo aos seus representantes. Assim, é a democracia que dá o sentido maior de uma legislação. (Cury, 2002b, p. 16)

De maneira geral, quando falamos em *legislação*, queremos nos referir a um conjunto de leis destinadas a estabelecer as regras em campos específicos: legislação trabalhista, legislação esportiva, legislação de trânsito, legislação educacional etc.

No Brasil, há uma lei considerada maior, magna, que norteia todas as demais leis instituídas: a Constituição Federal (Brasil, 1988), que é a "legislação fundante e fundamental de toda a ordem

• Importante!

Algumas das informações centrais para a compreensão da obra aparecem nesta seção. Aproveite para refletir sobre os conteúdos apresentados.

• Síntese

Ao final de cada capítulo, relacionamos as principais informações nele abordadas a fim de que você avalie as conclusões a que chegou, confirmando-as ou redefinindo-as.

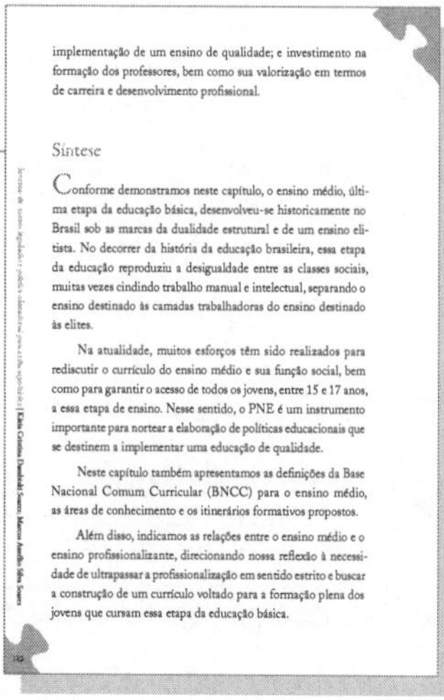
implementação de um ensino de qualidade; e investimento na formação dos professores, bem como sua valorização em termos de carreira e desenvolvimento profissional.

Síntese

Conforme demonstramos neste capítulo, o ensino médio, última etapa da educação básica, desenvolveu-se historicamente no Brasil sob as marcas da dualidade estrutural e de um ensino elitista. No decorrer da história da educação brasileira, essa etapa da educação reproduziu a desigualdade entre as classes sociais, muitas vezes cindindo trabalho manual e intelectual, separando o ensino destinado às camadas trabalhadoras do ensino destinado às elites.

Na atualidade, muitos esforços têm sido realizados para rediscutir o currículo do ensino médio e sua função social, bem como para garantir o acesso de todos os jovens, entre 15 e 17 anos, a essa etapa de ensino. Nesse sentido, o PNE é um instrumento importante para nortear a elaboração de políticas educacionais que se destinem a implementar uma educação de qualidade.

Neste capítulo também apresentamos as definições da Base Nacional Comum Curricular (BNCC) para o ensino médio, as áreas de conhecimento e os itinerários formativos propostos.

Além disso, indicamos as relações entre o ensino médio e o ensino profissionalizante, direcionando nossa reflexão à necessidade de ultrapassar a profissionalização em sentido estrito e buscar a construção de um currículo voltado para a formação plena dos jovens que cursam essa etapa da educação básica.

- **Indicações culturais**

Para ampliar seu repertório, indicamos conteúdos de diferentes naturezas que ensejam a reflexão sobre os assuntos estudados e contribuem para seu processo de aprendizagem.

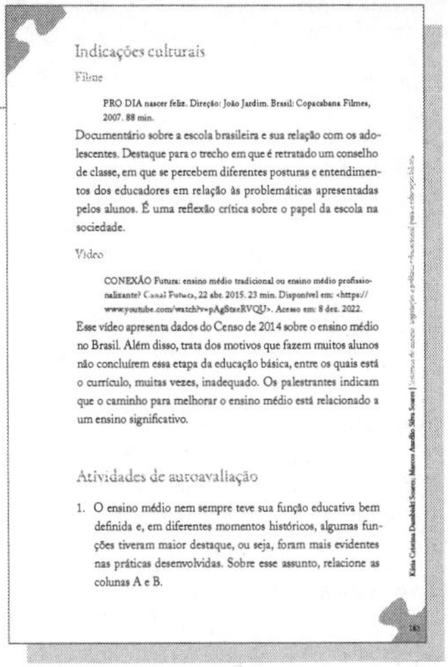

Indicações culturais

Filme

PRO DIA nascer feliz. Direção: João Jardim. Brasil: Copacabana Filmes, 2007. 88 min.

Documentário sobre a escola brasileira e sua relação com os adolescentes. Destaque para o trecho em que é retratado um conselho de classe, em que se percebem diferentes posturas e entendimentos dos educadores em relação às problemáticas apresentadas pelos alunos. É uma reflexão crítica sobre o papel da escola na sociedade.

Vídeo

CONEXÃO Futura: ensino médio tradicional ou ensino médio profissionalizante? Canal Futura, 22 abr. 2015. 23 min. Disponível em: <https://www.youtube.com/watch?v=pAgStxeRVQU>. Acesso em: 8 dez. 2022.

Esse vídeo apresenta dados do Censo de 2014 sobre o ensino médio no Brasil. Além disso, trata dos motivos que fazem muitos alunos não concluírem essa etapa da educação básica, entre os quais está o currículo, muitas vezes, inadequado. Os palestrantes indicam que o caminho para melhorar o ensino médio está relacionado a um ensino significativo.

Atividades de autoavaliação

1. O ensino médio nem sempre teve sua função educativa bem definida e, em diferentes momentos históricos, algumas funções tiveram maior destaque, ou seja, foram mais evidentes nas práticas desenvolvidas. Sobre esse assunto, relacione as colunas A e B.

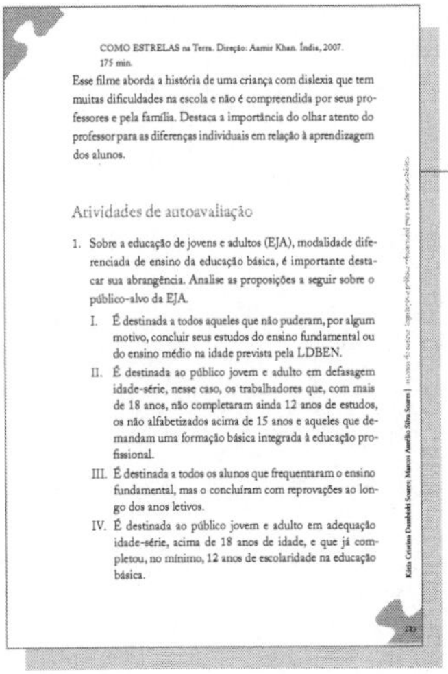

COMO ESTRELAS na Terra. Direção: Aamir Khan. Índia, 2007. 175 min.

Esse filme aborda a história de uma criança com dislexia que tem muitas dificuldades na escola e não é compreendida por seus professores e pela família. Destaca a importância do olhar atento do professor para as diferenças individuais em relação à aprendizagem dos alunos.

Atividades de autoavaliação

1. Sobre a educação de jovens e adultos (EJA), modalidade diferenciada de ensino da educação básica, é importante destacar sua abrangência. Analise as proposições a seguir sobre o público-alvo da EJA.
   I. É destinada a todos aqueles que não puderam, por algum motivo, concluir seus estudos do ensino fundamental ou do ensino médio na idade prevista pela LDBEN.
   II. É destinada ao público jovem e adulto em defasagem idade-série, nesse caso, os trabalhadores que, com mais de 18 anos, não completaram ainda 12 anos de estudos, os não alfabetizados acima de 15 anos e aqueles que demandam uma formação básica integrada à educação profissional.
   III. É destinada a todos os alunos que frequentaram o ensino fundamental, mas o concluíram com reprovações ao longo dos anos letivos.
   IV. É destinada ao público jovem e adulto em adequação idade-série, acima de 18 anos de idade, e que já completou, no mínimo, 12 anos de escolaridade na educação básica.

- **Atividades de autoavaliação**

Apresentamos estas questões objetivas para que você verifique o grau de assimilação dos conceitos examinados, motivando-se a progredir em seus estudos.

- **Atividades de aprendizagem**

Aqui apresentamos questões que aproximam conhecimentos teóricos e práticos a fim de que você analise criticamente determinado assunto.

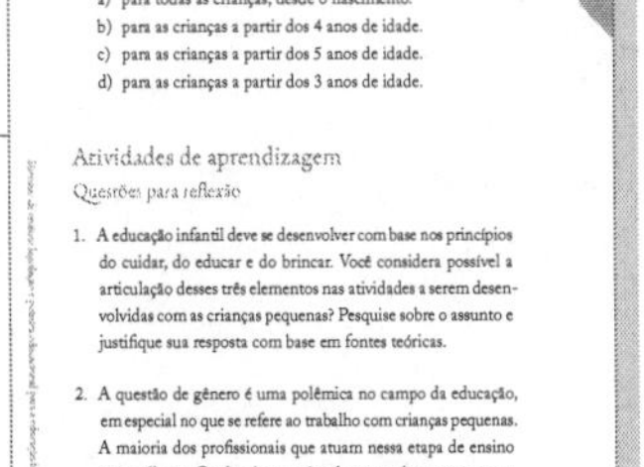

a) para todas as crianças, desde o nascimento.
b) para as crianças a partir dos 4 anos de idade.
c) para as crianças a partir dos 5 anos de idade.
d) para as crianças a partir dos 3 anos de idade.

Atividades de aprendizagem

Questões para reflexão

1. A educação infantil deve se desenvolver com base nos princípios do cuidar, do educar e do brincar. Você considera possível a articulação desses três elementos nas atividades a serem desenvolvidas com as crianças pequenas? Pesquise sobre o assunto e justifique sua resposta com base em fontes teóricas.

2. A questão de gênero é uma polêmica no campo da educação, em especial no que se refere ao trabalho com crianças pequenas. A maioria dos profissionais que atuam nessa etapa de ensino são mulheres. Qual seria o motivo de poucos homens atuarem na educação infantil? Leia o texto indicado e procure refletir sobre a questão.

MONTEIRO, M. K.; ALTMANN, H. Homens na educação infantil: olhares de suspeita e tentativas de segregação. Cadernos de Pesquisa, São Paulo, v. 44, n. 153, p. 720-741, jul./set. 2014. Disponível em: <https://www.scielo.br/j/cp/a/RLTGrW43VVJqGZPpr3Qjk5p/?format=pdf&lang=pt>. Acesso em: 8 dez. 2022.

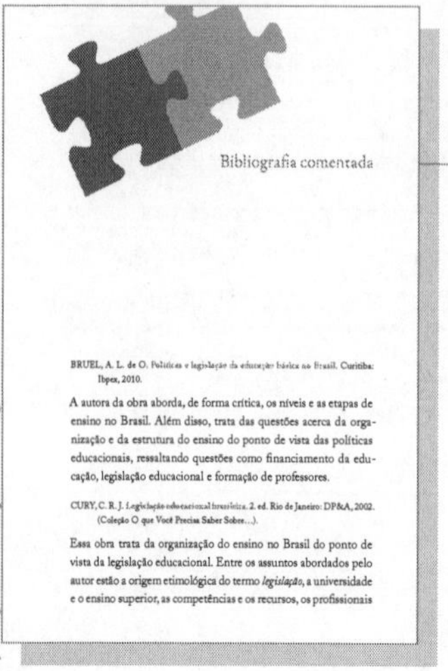
Bibliografia comentada

BRUEL, A. L. de O. *Políticas e legislação da educação básica no Brasil*. Curitiba: Ibpex, 2010.

A autora da obra aborda, de forma crítica, os níveis e as etapas de ensino no Brasil. Além disso, trata das questões acerca da organização e da estrutura do ensino do ponto de vista das políticas educacionais, ressaltando questões como financiamento da educação, legislação educacional e formação de professores.

CURY, C. R. J. *Legislação educacional brasileira*. 2. ed. Rio de Janeiro: DP&A, 2002. (Coleção O que Você Precisa Saber Sobre...).

Essa obra trata da organização do ensino no Brasil do ponto de vista da legislação educacional. Entre os assuntos abordados pelo autor estão a origem etimológica do termo *legislação*, a universidade e o ensino superior, as competências e os recursos, os profissionais

- **Bibliografia comentada**

  Nesta seção, comentamos algumas obras de referência para o estudo dos temas examinados ao longo do livro.

Introdução

Neste livro, abordamos o tema *sistemas de ensino e políticas educacionais*, inserindo-o no contexto mais amplo da organização da educação regular no Brasil. Analisamos alguns elementos que permitem a compreensão a respeito da organização da educação brasileira e da constituição do sistema educacional, discutindo aspectos históricos, legais e organizacionais. A apresentação dos conteúdos desta obra objetiva estabelecer a relação entre três dimensões sempre articuladas: sistemas de ensino, legislação educacional e políticas públicas. Nesse caminho, tratamos em especial das definições dadas, no campo da educação, pela Constituição Federal de 1988, pela Lei de Diretrizes e Bases da Educação Nacional – LDBEN (Lei n. 9.394/1996), pelas Diretrizes Curriculares Nacionais da Educação Básica (DCNEB), pelo Plano Nacional de Educação – PNE (Lei n. 13.005/2014) e pela Base Nacional Comum Curricular (BNCC).

Esses documentos legais são fruto de amplas discussões no cenário educacional, tendo em vista que o exercício democrático vem se consolidando no país. Nas últimas duas décadas, inúmeras modificações no âmbito das políticas educacionais voltadas ao atendimento da maioria da população brasileira ocorreram não só no aspecto quantitativo, mas também no qualitativo, trazendo implicações, por exemplo, para a oferta do ensino público e seu financiamento, bem como para a manutenção e a formação de professores em diferentes níveis, etapas e modalidades de ensino.

Nesse sentido, nossa pretensão é apresentar a legislação educacional e suas implicações para a organização do ensino no Brasil, os limites e os avanços no sistema educacional brasileiro na atualidade e as ações das políticas educacionais desenvolvidas em diferentes âmbitos (federal, estadual e municipal). Todos esses aspectos são importantes para se compreender as políticas públicas educacionais como ações humanas, intencionalmente elaboradas e que podem ou não contribuir para melhorar a qualidade da educação ofertada.

Salientamos que esta obra, ao situar-se no campo das políticas e da legislação educacional, apresenta claras demarcações em relação ao tempo histórico em que se insere e ao qual faz referência. Portanto, advertimos que o campo das políticas e da legislação educacional, como as políticas e legislações em geral, não é estático nem linear; ao contrário, está em constante mudança e transformação em razão do próprio movimento da sociedade à qual pertence. Assim, o livro não esgota a discussão referente a esse cenário, apenas traz algumas questões que consideramos importantes para a reflexão sobre a educação brasileira. Possivelmente, nem todas as leis e políticas educacionais serão abordadas, em razão, inclusive, dos limites físicos desta obra e do fato de que novas leis e políticas estão constantemente sendo engendradas.

Ressaltamos, no decorrer dos capítulos, o contexto no qual a educação brasileira se insere: uma sociedade capitalista, desigual e injusta, marcada pela luta de classes. Entretanto, também destacamos o caráter dialético e contraditório dessa sociedade e da escola nesse cenário: se ela reproduz as desigualdades sociais postas no capitalismo, pode, ao mesmo tempo, desenvolver sua face contra-hegemônica, contrária ao *status quo* estabelecido. Para tanto, deve cumprir sua função social, qual seja, a democratização dos conhecimentos elaborados, científicos, para toda a população. Nesse caso, torna-se de fundamental importância a implementação de políticas educacionais comprometidas com a qualidade da educação.

1.

Organização do ensino no Brasil

Iniciamos este capítulo convidando você, leitor(a), a refletir sobre a relação entre sistemas de ensino, políticas e legislação educacional. O que significa? Quais as interferências de um sobre o outro?

Em princípio, pode parecer que são apenas conceitos do campo educacional, como tantos outros. No entanto, no decorrer do capítulo, será possível perceber o quanto essas questões são importantes para uma melhor compreensão sobre a organização do ensino no Brasil.

A educação acompanha o desenvolvimento humano desde seus primórdios. Podemos dizer que envolve todos os processos educativos historicamente voltados para a transmissão de conhecimentos de geração a geração. Assim, a educação acontece em diferentes tempos e espaços sociais e de maneiras diversas, podendo ser informal ou formal.

Os **processos educativos informais** ocorrem na sociedade por meio de relações entre pais e filhos, familiares, vizinhos, pessoas que trabalham juntas, entre outros, mas não exigem necessariamente uma intencionalidade. Já os **processos educativos formais** são desenvolvidos com base em leis, regras e métodos e são organizados intencionalmente.

É da **organização formal do ensino** no Brasil que tratamos neste livro. Para tanto, precisamos primeiramente discutir algumas concepções essenciais que permitam aprofundar os conhecimentos sobre o assunto: sistema de ensino, legislação educacional e políticas educacionais. Esses conceitos serão abordados neste primeiro capítulo do livro como base para o desenvolvimento dos capítulos seguintes, quando analisaremos os níveis e as modalidades de ensino no contexto educacional brasileiro.

1.1
Conceituação de sistema de ensino

O que é um *sistema de ensino*? Por que o título deste livro refere-se a *sistemas de ensino*, no plural? Há vários sistemas de ensino? Como o sistema de ensino é organizado no Brasil? Essas são algumas questões que nortearão a discussão deste capítulo. Para buscar as respostas a essas indagações, vamos recorrer a autores que têm se dedicado ao estudo dessa temática, procurar apreender os principais conceitos e discuti-los na tentativa de melhor elucidar esse assunto tão importante na área educacional.

Saviani (2009) alerta que imprecisões e confusões têm marcado o uso do termo *sistema* no campo educacional. As expressões interligadas *sistema de ensino*, *sistema escolar* e *sistema de educação* são de uso frequente nesse campo, sem concordância a respeito de seu significado. O autor considera conveniente começar a discussão pela própria noção de *sistema,* seguida da noção de *estrutura* que lhe é correlata (Saviani, 2009). Nesse contexto, é possível entender o significado de *sistema educacional* considerando sua configuração histórica.

Para Saviani (2009, p. 2), "Embora o termo 'sistema' seja de uso corrente em diferentes contextos dando a impressão de que se trata de algo previamente dado que [...] podemos identificar externamente, é preciso ter presente que o sistema não é um dado natural, mas é, sempre, um produto da ação humana". O autor também chama a atenção para o caráter de intencionalidade, de ação humana, presente na configuração do que chamamos de *sistema*. *Sistema público*, *sistema privado*, *sistema filosófico*, *sistema político* e *sistema educacional* são alguns dos casos em que o termo pode ser utilizado e todos eles têm como base a ação humana de organização, de um conjunto de ideias, valores, regras ou leis. Portanto, podemos dizer que a existência ou organização de um *sistema* não ocorre de forma espontânea ou natural, mas por meio da ação humana.

Conforme Saviani (2009, p. 2),

> *é possível ao homem sistematizar porque ele é capaz de assumir perante a realidade uma postura tematizadamente consciente. Portanto, a condição de possibilidade da atividade sistematizadora é a consciência refletida. É ela que permite o agir sistematizado, cujas características básicas podem ser assim enunciadas:*
>
> a. *Tomar consciência da situação;*
>
> b. *Captar os seus problemas;*
>
> c. *Refletir sobre eles;*
>
> d. *Formulá-los em termos de objetivos realizáveis;*
>
> e. *Organizar meios para atingir os objetivos propostos;*
>
> f. *Intervir na situação, pondo em marcha os meios referidos;*
>
> g. *Manter ininterrupto o movimento dialético ação-reflexão-ação, já que a ação sistematizada é exatamente aquela que se caracteriza pela vigilância da reflexão.*

Sistematizar é organizar diversos elementos de forma metódica, intencional, ordenada e coerente. É uma atividade fundamentalmente humana, de consciência refletida, ou seja, que exige reflexão. Porém, a que tipo de reflexão estamos nos referindo?

> *Re-flexão significa desdobramento (flexão e dobramento, ato de dobrar). Sua origem está no verbo latino "reflectere", que quer dizer "voltar atrás"* (Serrão, 1970, p. 17). Assim como o espelho tem a propriedade de captar a luz e projetá-la numa determinada direção (reflexão

da luz), assim também o homem tem a capacidade de captar (através da consciência) os dados da realidade e imprimir-lhes determinado sentido. Refletir é o ato de retomar, reconsiderar os dados disponíveis, revistar, vasculhar numa busca constante de significado. (Saviani, 2012, p. 64)

Nessa perspectiva, seguindo as características básicas da atividade sistematizadora apontadas por Saviani (2009), é possível compreender que tal atividade desencadeia-se mediante a tomada de consciência de uma situação específica – por exemplo, as formas concretas como se realizam os processos educativos em determinada sociedade. Considerando-se a questão educacional, seria necessário captar seus problemas e identificá-los, bem como refletir sobre essas questões e formulá-las de maneira a visualizar os objetivos a serem alcançados. Por exemplo, em geral, no campo da formação de professores para a educação básica, podem constar elementos como desenvolvimento na carreira, valorização dos profissionais e formação inicial e continuada.

Definidos os objetivos para cada elemento específico, será preciso estabelecer também como atingi-los, quais serão os meios mais adequados para isso, os mecanismos e os prazos. Na sequência, esses meios são colocados em prática para a realização dos objetivos propostos. Se a questão for estabelecer um programa de formação continuada para os professores, por exemplo, será necessário delinear os objetivos dessa formação, a maneira como será realizada, os custos envolvidos, os locais para realização, os recursos necessários, entre outros aspectos. Um bom planejamento pode assegurar o sucesso da concretização dos objetivos propostos, e isso exige, além da competência técnica na área em que se desenvolve a ação sistematizadora, também o compromisso político, no sentido da execução daquilo que é proposto quando se trata do campo das políticas educacionais. É nesse sentido que o movimento constante ação-reflexão-ação se faz necessário para a melhoria de um sistema – no caso, o sistema educacional.

Sobre o ato de sistematizar e sua relação com a consciência refletida, Saviani (2009, p. 2-3) esclarece:

> *O ato de sistematizar, uma vez que pressupõe a consciência refletida, é um ato intencional. Isto significa que, ao realizá-lo, o homem mantém em sua consciência um objetivo que lhe dá sentido; em outros termos, trata-se de um ato que concretiza um projeto prévio. Este caráter intencional não basta, entretanto, para definir a sistematização. Esta implica também uma multiplicidade de elementos que precisam ser ordenados, unificados, conforme se depreende da origem grega da palavra "sistema": reunir, ordenar, coligir. Sistematizar é, pois, dar, intencionalmente, unidade à multiplicidade.*

Podemos dizer que o ato de sistematizar, como atividade propriamente humana, encerra um caráter **teleológico**, ou seja, diz respeito à definição de finalidades a serem alcançadas: "todo processo teleológico implica numa finalidade e, portanto, numa consciência que estabelece um fim" (Lukács, 1984, p. 5). Também cabe destacar que o caráter teleológico do ato de sistematizar exige condições objetivas para que os propósitos sejam concretizados. Isso rompe com qualquer compreensão idealista, mística ou naturalista sobre as possibilidades de organização de um sistema.

Sistemas são organizados intencionalmente pelos homens e apresentam, de acordo com Saviani (2009), as seguintes características: intencionalidade, unidade-variedade e coerência (interna e externa).

Ora, vê-se por aí, a estrutura dialética que caracteriza a noção de "sistema": intencionalidade implica os pares antitéticos sujeito-objeto (o objeto é sempre algo lançado diante de um sujeito) e consciência-situação (toda consciência é de alguma coisa); a unidade se contrapõe à variedade, mas também se compõe com ela para formar o conjunto; e a coerência interna, por sua vez, só pode se sustentar desde que articulada com a coerência externa, pois, em caso contrário, será mera abstração. Por descuidar do aspecto da coerência externa é que os sistemas tendem a se desvincular do plano concreto esvaziando-se em construções "teóricas". (Saviani, 2009, p. 3)

Chegamos, então, ao conceito de *sistema* como "a unidade de vários elementos intencionalmente reunidos de modo a formar um conjunto coerente e operante" (Saviani, 2009, p. 3). Assim, um sistema sempre está inserido em um contexto mais amplo do que aquele do qual faz parte. Por exemplo, um sistema educacional faz parte de um contexto específico, que traz implicações econômicas, políticas e culturais. Esse contexto, historicamente delimitado, é a sociedade na qual o sistema se insere. A coerência do sistema reside no fato de que ele pode desencadear transformações nesse mesmo contexto, que também o influencia e o determina.

Outro termo muito utilizado nas referências ao sistema educacional é *estrutura*, como em *estrutura educacional* ou *estrutura e funcionamento do ensino*. Os termos *sistema* e *estrutura*, muitas vezes, são utilizados como sinônimos, visto que ambos se referem a um conjunto de elementos. A palavra *estrutura* vem do latim *structura*, que significa *construção*. Para Saviani (2009, p. 6),

A estrutura implica a própria textura da realidade; indica a forma como as coisas se entrelaçam entre si, independentemente do homem [...] (como no caso das estruturas sociais, políticas, econômicas, educacionais etc.). O sistema, em

contrapartida, implica uma ordem que o homem impõe à realidade. Entenda-se, porém: não se trata de criar a realidade. O homem sofre a ação das estruturas, mas, na medida em que toma consciência dessa ação, ele é capaz de manipular a sua força agindo sobre a estrutura de modo a lhe atribuir um sentido.

As estruturas existem em determinadas realidades, como a educacional, são formadas por elementos diversos e interligados, não implicando intencionalidade quando se trata da atuação humana. O sistema, por sua vez, "é uma organização objetiva resultante da atividade sistematizadora que se dirige à realização de objetivos coletivos" (Saviani, 2009, p. 6).

Como exemplo, podemos imaginar a estrutura como o corpo humano e o sistema, como todo seu funcionamento, que ocorre por meio dos músculos, dos neurônios, do sangue que corre pelas veias etc. Assim, existe uma estrutura em determinada realidade e o sistema é toda a organização para o funcionamento dessa estrutura. Sistema e estrutura são aspectos inter-relacionados.

Entender o conceito de *sistema educacional* também exige compreender a relação entre teoria e prática: "a teoria não faz o sistema; ela é apenas uma condição necessária para que ele se faça. Quem faz o sistema são os homens quando assumem a teoria na sua práxis educativa, isto é, quando a sua prática educativa é orientada teoricamente de modo explícito" (Saviani, 2009, p. 7).

Dessa forma, **o sistema exige a articulação entre teoria e prática, entre pensar e fazer, entre intelecto e ação.** É necessário o conhecimento das estruturas para que se possa agir de forma intencional sobre elas. Então, precisamos saber como a educação formal apresenta-se na sociedade brasileira para buscar entendê-la e agir sobre ela em prol de sua melhoria.

Com relação à legislação educacional, cabe destacar que até a aprovação da Lei n. 9.394, de 20 de dezembro de 1996 (Brasil, 1996a), também conhecida como **Lei de Diretrizes e Bases da Educação Nacional (LDBEN)**, havia a definição de apenas duas modalidades de sistemas de ensino: o sistema federal e os sistemas estaduais (nos quais estava incluso o sistema do Distrito Federal). Assim, as escolas da educação básica, públicas ou privadas, faziam parte dos sistemas estaduais de ensino, e as escolas superiores, públicas ou privadas, subordinavam-se ao sistema federal. Depois da aprovação da LDBEN, foram estabelecidos também com clareza os sistemas municipais de ensino. De acordo com o art. 11, inciso III, da LDBEN[1], cabe aos municípios "baixar normas complementares para os seus sistemas de ensino" (Brasil, 1996a).

A esse respeito, Saviani (2009, p. 14) salienta que,

> *ao admitir a possibilidade da organização de sistemas municipais de ensino, a LDB se viu diante da questão relativa às condições para a sua efetivação. E, como uma medida de cautela, prescreveu, no parágrafo único do artigo 11, que "os municípios poderão optar, ainda, por se integrar ao sistema estadual de ensino ou compor com ele um sistema único de educação básica".*

Isso significa considerar que existem ainda muitas dificuldades, de ordens técnica e financeira, para que os municípios possam constituir seus sistemas de ensino. Inúmeros municípios são muito pobres economicamente, têm uma rede de ensino pequena ou, ainda, não têm condições pedagógicas estabelecidas para discutir com profundidade os problemas educacionais e indicar soluções para eles. Nesse sentido, a constituição dos sistemas municipais

1 Para saber mais sobre a história da tramitação da LDBEN (Lei n. 9.394/1996), sugerimos a leitura do texto de Brzezinski (2010).

de ensino é, ainda recentemente, um assunto polêmico e que exige maior aprofundamento na discussão das possibilidades de sua realização.

Diante do exposto, concluímos que não existe um único sistema de ensino em nosso país, mas **sistemas**: o federal, os estaduais e os municipais (quando estes forem aprovados em legislação própria).

1.2
A importância da legislação educacional

Além do conceito de *sistema de ensino*, cabe entendermos a importância da legislação educacional que orienta o funcionamento da educação formal no país. Para tanto, vamos recorrer aos estudos de Carlos Jamil Cury (2002b, p. 7):

> *Hoje, praticamente, não há país no mundo que não garanta, em seus textos legais, o acesso de seus cidadãos à educação básica. Afinal, a educação escolar é uma dimensão estratégica para políticas que visam a inserção de todos nos espaços da cidadania social e política e mesmo para reinserção no mercado profissional.*

Tendo em vista a importância da legislação educacional no campo dos direitos sociais que devem ser garantidos aos cidadãos, trazemos essa questão tão importante para nortear este estudo a respeito dos níveis e das modalidades de ensino no Brasil.

> *O termo legislação é a junção de dois termos: legis + lação. Ambos provêm do latim. Legis é o genitivo de Lex. Latio (+ lação) provém de um verbo latino fero, ferre, tuli, latum. Vejamos um por um.*

Lex/legis quer dizer da lei. A expressão lex, legis tem sua origem, segundo intérpretes, do verbo latino lego, legere e significa ler. Quer dizer ler a palavra que foi pronunciada e que foi escrita. Ler a palavra que foi escrita não deixa de ser um modo pelo qual se dá a conhecer algo que foi produzido. (Cury, 2002b, p. 13-14)

Importante!

Legislação é algo que foi escrito em forma de lei e que deve ser apresentado, conhecido por todos, para se tornar realidade. Nesse sentido, é importante que as leis saiam do papel e sejam cumpridas.

As leis devem ser públicas, de conhecimento do povo, na medida em que regem a convivência social e dizem respeito ao exercício da cidadania.

Em uma sociedade democrática, a legislação, em seus diversos campos, deveria ser fruto de discussão, debate e consenso possível em prol do bem comum. É por esse motivo que elegemos nossos representantes no governo, com o intuito de que legislem em benefício da coletividade.

Certamente uma legislação pode ser fruto de um poder autoritário, mas sua legitimidade tem a ver com este caráter de procedência e destinação para o poder popular. Este último é a fonte legítima do poder e por isso pode delegá-lo aos seus representantes. Assim, é a democracia que dá o sentido maior de uma legislação. (Cury, 2002b, p. 16)

De maneira geral, quando falamos em *legislação*, queremos nos referir a um conjunto de leis destinadas a estabelecer as regras em campos específicos: legislação trabalhista, legislação esportiva, legislação de trânsito, legislação educacional etc.

No Brasil, há uma lei considerada maior, magna, que norteia todas as demais leis instituídas: a **Constituição Federal** (Brasil, 1988), que é a "legislação fundante e fundamental de toda a ordem jurídica relativa à educação existente nos Estados, nos Municípios, no Distrito Federal e no que couber ao Brasil como um todo" (Cury, 2002b, p. 19).

A Constituição Federal brasileira de 1988 traz em seu Capítulo II do Título II, que trata dos direitos sociais, a educação como um dos direitos sociais inalienáveis. O art. 208, parágrafos 1º e 2º, prevê o acesso ao ensino obrigatório e gratuito como direito público subjetivo.

> *Direito público subjetivo é aquele pelo qual o titular de um direito pode exigir direta e imediatamente do Estado o cumprimento de um dever e de uma obrigação. O titular deste direito é qualquer pessoa, de qualquer idade, que não tenha tido acesso à escolaridade obrigatória na idade apropriada ou não. É válida sua aplicação para os que, mesmo tendo tido acesso, não puderam completar o ensino fundamental. Trata-se de um direito subjetivo, ou seja, um sujeito é o titular de uma prerrogativa própria deste indivíduo, essencial para a sua personalidade e para a cidadania. E se chama direito público, pois, no caso, trata-se de uma regra jurídica que regula a competência, as obrigações e os interesses fundamentais dos poderes públicos, explicitando a extensão do gozo que os cidadãos possuem quanto aos serviços públicos. O sujeito deste dever é o Estado sob cuja a alçada estiver situada essa etapa da escolaridade.* (Cury, 2002b, p. 21)

O não oferecimento do ensino obrigatório pelo Poder Público, ou sua oferta irregular, é responsabilidade da autoridade competente. Assim, a educação é um direito constitutivo de todo cidadão brasileiro, e o Estado (governo) é responsável por assegurar que esse direito seja de fato efetivado, garantido. Daí a necessidade de que toda criança e todo adolescente tenham assegurados seu acesso e sua permanência na educação básica de qualidade, havendo um estatuto de obrigatoriedade e gratuidade desse nível de ensino.

Se cabe ao Estado garantir a oferta da educação, cabe às famílias colocar os filhos na educação escolar entre os 4 e 17 anos de idade, "sob pena de se verem incluídas no art. 246 do Código Penal no denominado *crime de abandono intelectual*" (Cury, 2002b, p. 23).

Com base na Constituição Federal são estabelecidas outras leis. Na área educacional, a principal é a **LDBEN** (Lei n. 9.394/1996). É de suma importância que todos os educadores tenham conhecimento sobre essa lei, que coordena todas as ações na área da educação formal. Cabe aqui, novamente, a distinção entre educação **formal** e **informal** para delimitar o campo de ação dessa legislação, no seio da educação escolar formal:

> *Vários são os modos pelos quais a educação se traduz. Basta ler atentamente o art. 1º da LDBEN para ver que a educação, enquanto processo formativo, se dá em vários espaços e situações. Ela acontece, por exemplo, na mídia, nas igrejas, no trabalho, na família e nos aspectos coletivos da vida em grupo. A educação escolar é uma modalidade de educação que se destina, institucionalmente, para a transmissão do conhecimento acumulado e para a criação de posturas sociais voltadas para a vida cidadã. E é esta a modalidade que se rege pela LDBEN.* (Cury, 2002b, p. 63)

Embora a LDBEN refira-se ao campo da escolarização formal, a Constituição reconhece a organização da educação nacional distinguindo dois tipos de escola: a **livre** e a **regular**. As **escolas livres** não estão no âmbito da LDBEN, pois são as escolas de línguas, de natação, de música, de informática, por exemplo. Seus certificados não têm valor oficial, mas podem ter valor de mercado. Por outro lado, as **escolas regulares** se submetem à LDBEN, inclusive no reconhecimento formal de seus atos e na possibilidade de emissão de certificados.

As escolas regulares podem ser **públicas** ou **privadas** e ambas seguem as determinações da LDBEN. A Constituição Federal, em seu art. 206, inciso III, reconhece a coexistência entre escolas públicas e privadas. O termo *regular* vem de *regra*, do latim *regula*.

Sobre a escola privada ou particular, Cury (2002b, p. 66) salienta o seguinte:

> *Submetida aos processos de autorização e de avaliação, devendo ser autossustentável, ela presta um serviço de interesse público (ensino), ainda que por meios de mercado (iniciativa privada). Por isso ela deve ser autorizada, conformada à legislação educacional e, nessa medida, seus atos tornam-se oficializados.*

No campo da escolarização formal, de acordo com a atual LDBEN, existem dois níveis na educação nacional: educação **básica** e educação **superior**. A **educação básica** é organizada em três etapas sucessivas – educação infantil, ensino fundamental e ensino médio. A **educação superior**, por sua vez, é organizada, segundo o art. 44, em cursos sequenciais por campo de saber: graduação, pós-graduação e extensão.

Ressaltamos que, como este livro trata especificamente dos sistemas, da legislação e das políticas educacionais voltadas para a educação básica, não nos aprofundaremos na discussão sobre a educação superior.

A LDBEN, a partir da organização geral do ensino no Brasil, já descrita, define o papel do Estado na promoção da educação escolar.

> *Na definição do papel do Estado, vale lembrar as competências. O poder público municipal se volta prioritariamente para o ensino fundamental e para a educação infantil, em*

> *colaboração com os Estados. Esses, por sua vez, se dirigem prioritariamente para o ensino médio. A União, além da sua rede de ensino superior e de sua módica presença no ensino fundamental, médio e profissional, deve continuar exercendo seu papel técnico de apoio e financiamento, além da função de articular toda a organização da educação nacional. Cabe-lhe também o papel de avaliador dos resultados do desempenho escolar e de exercer a função de redutor das disparidades regionais.* (Cury, 2002b, p. 37)

Além da Constituição Federal e da LDBEN, o **Estatuto da Criança e do Adolescente (ECA)** – Lei n. 8.069, de 13 de julho de 1990 (Brasil, 1990) – é um importante documento orientador na definição de políticas educacionais. A respeito do ECA, Silva (1999, p. 2) ressalta:

> *O Estatuto, tendo por fonte material o fenômeno da violência contra crianças e adolescentes e a chamada "questão do menor", aparece como resposta humanitária à injustiça vivida por milhões de seres em situações de vulnerabilidade. A falta de atenção à saúde; à educação; o desrespeito à liberdade, à dignidade e à convivência familiar e comunitária; o descaso pela educação, pela cultura, pela profissionalização, pelo esporte e pelo lazer; obrigam uma elaboração de normas capazes de garantir coercivamente os direitos de nossa maior riqueza, as crianças.*

Desde que foi promulgado em 1990, o ECA é considerado uma referência para assuntos relacionados à proteção dos direitos dos sujeitos nessa faixa etária. É importante ressaltar que a Lei n. 8.069/1990 foi consequência de um amplo debate nos campos social e político e teve como base a Convenção Internacional dos Direitos da Criança, aprovada pela Organização das Nações Unidas (ONU) em novembro de 1989. O conhecimento dessa lei é fundamental para todas as pessoas envolvidas na área educacional, em especial os professores que trabalham cotidianamente com crianças e adolescentes. Compreender os fundamentos do ECA pode colaborar para que, de fato, a lei seja colocada em prática no país.

Ainda sobre o ECA, destacamos o contexto histórico de sua elaboração e promulgação:

> *O Estatuto da Criança e do Adolescente (ECA) é uma Lei Federal (n. 8.069), promulgada em 13 de julho de 1990, que se caracterizou como expressão máxima do desejo da sociedade brasileira de garantir direitos a crianças e adolescentes historicamente fragilizados, principalmente os provenientes de classes sociais menos favorecidas. O ECA constitui o marco legal de um processo prático-reflexivo referente a políticas públicas para a infância e adolescência, um instrumento norteador de novos paradigmas no atendimento e atenção a crianças e adolescentes em estado de abandono social ou prestes a ingressarem nessa situação.* (Oliveira; Milnitsky-Sapiro, 2007, p. 625)

Assim, é preciso considerar a importância dessa lei para garantir os direitos das crianças e dos adolescentes historicamente à margem de condições de vida digna, geralmente provenientes das camadas economicamente mais carentes da população. A partir do ECA, as crianças e os adolescentes passaram a ser tratados, pelo menos no plano da lei, como cidadãos, com a garantia de direitos fundamentais, entre os quais destacamos os direitos à vida, à educação, à saúde e à escola.

> *Desde sua publicação, no início da década de 90, o ECA enfatiza a reflexão fundada no paradigma da atenção e proteção integral à criança e ao adolescente enquanto sujeito de direitos. Refletir criticamente sobre esse novo paradigma e sobre esses direitos é um grande desafio, especialmente no contexto*

> *mundial, no qual muitos países, já na década de 80, estavam reeditando sua legislação sobre o bem-estar da criança e do adolescente. Faz-se ainda relevante observar que o ECA surgiu em um momento de "reabertura democrática, visando à promoção dos direitos sociais, econômicos e civis dos jovens"* (Fonseca, 2004, p. 104), ou seja, ao invés de simplesmente controlar os jovens, o ECA pretende garantir seus direitos. (Oliveira; Milnitsky-Sapiro, 2007, p. 625)

Além do conhecimento histórico relativo à elaboração do ECA e de sua importância no contexto dos anos 1990, também é necessário enfrentar os preconceitos e as leituras equivocadas que, muitas vezes, recaem sobre essa legislação. Algumas pessoas, baseadas no senso comum, afirmam que o ECA apenas defende os menores de idade, atribuindo à lei parte da responsabilidade por erros cometidos por menores infratores e pela falta de punição. É preciso muito cuidado com análises imediatistas, que costumam não levar em consideração aspectos mais profundos e complexos a respeito da desigualdade social e estrutural no Brasil.

> *Por exemplo, acusou-se o ECA de apenas garantir direitos, sem explicitar deveres nem consequências para os adolescentes, quando esses praticavam atos infracionais (Grandino, 2007). Porém, vale salientar que o ECA não é um estatuto elaborado para acolher e desresponsabilizar os jovens de seus atos. Dessa forma, o adolescente autor de ato infracional é passível de responder pelo seu ato através do cumprimento de medidas socioeducativas, as quais podem ser dos seguintes tipos: (1) advertência, (2) obrigação de reparar o dano, (3) prestação de serviços à comunidade, (4) liberdade assistida, (5) inserção em regime de semiliberdade e (6) internação em estabelecimento socioeducativo.* (Monte et al., 2011, p. 127)

Tendo em vista que todos os educadores precisam conhecer e entender o ECA, destacamos seu papel essencial na garantia do direito à escola, que precisa ser tomado como prioridade na elaboração das políticas públicas por nossos governantes. Para cumprir nosso papel de cidadãos – fiscalizar, avaliar e controlar a efetivação das leis –, reforçamos a importância do estudo do ECA pelos futuros educadores:

> *O Eca reafirma o direito à escola, pública e gratuita, garantida, formalmente, pela Constituição. A escola é um dos mediadores que, juntamente com a família, vão dar à criança condições para o exercício da cidadania. Esta exige a compreensão plena da cultura e das condições de vida na sociedade da qual se é membro. Na família e na escola a criança deve ter acesso aos bens culturais da humanidade, tão indispensáveis à vida quanto é o alimento para a sua manutenção física.* (Mello, 1999)

Também é importante registrar aqui a alteração na Lei n. 9.394/1996 realizada no momento da aprovação da Lei n. 13.803, de 10 de janeiro de 2019 (Brasil, 2019a), a qual obriga a notificação de faltas escolares ao Conselho Tutelar quando superiores a 30% (trinta por cento) do percentual permitido em lei. Tal mecanismo tem a intenção de auxiliar o contato com os familiares e busca garantir o direito à educação dos estudantes.

Outro fator importante a ser destacado no processo de elaboração da legislação e das políticas públicas é a questão do **financiamento da educação**, uma vez que é fundamental para a ampliação do acesso e da melhoria da qualidade de ensino.

No decorrer da história do país, o financiamento não esteve sempre presente no desenvolvimento do processo educacional, pelo contrário: mesmo em períodos em que ocorreu a vinculação orçamentária de recursos financeiros, eles não foram suficientes para promover uma educação que atendesse a toda a demanda quantitativa, muito menos a qualitativa. A Tabela 1.1 demonstra como ocorreu o processo de vinculação orçamentária nas constituições republicanas.

Tabela 1.1 – Constituições e vinculação orçamentária

<table>
<tr><th rowspan="2">Entes federativos</th><th colspan="7">Constituições e vinculação orçamentária (%)</th></tr>
<tr><th>CF 1934</th><th>CF 1937</th><th>CF 1946</th><th>CF 1967</th><th>EC n. 01/1969</th><th>EC n. 24/1983</th><th>CF 1988</th></tr>
<tr><td>União</td><td>10</td><td rowspan="3">Revogou a vinculação orçamentária anterior</td><td>10</td><td rowspan="3">Revogou a vinculação orçamentária anterior</td><td>0</td><td>13</td><td>18</td></tr>
<tr><td>Estados e Distrito Federal</td><td>20</td><td>20</td><td>0</td><td>25</td><td>25</td></tr>
<tr><td>Municípios</td><td>10</td><td>10</td><td>20</td><td>25</td><td>25</td></tr>
</table>

É possível perceber que, das cartas constitucionais anteriores para a atual, ocorreu um aumento significativo em relação ao índice de investimento mínimo em educação. Contudo, não foi suficiente para atender toda a demanda educacional do país – mesmo com os maiores índices previstos na Constituição de 1988, ocorreu investimento prioritário em um nível de ensino: o ensino fundamental. Também podemos notar que, em momentos históricos específicos, como o de ditadura no Estado Novo (1937) e o de golpe militar (1967), a vinculação orçamentária para a educação foi revogada.

Tabela 1.2 – LDBEN e vinculação orçamentária

Entes federativos	LDBEN e vinculação orçamentária (%)			
	LDBEN 4.024/1961	Reforma Lei n. 5.540/1968	Reforma Lei n. 5.692/1971	LDBEN n. 9.394/1996
União	12	0	0	18
Estados e Distrito Federal	20	0	0	25
Municípios	20	0	20	25

As vinculações orçamentárias ocorreram também a partir da primeira LDBEN, e o mesmo raciocínio considerado na análise referente às constituições pode ser aplicado. O destaque fica para o aumento do índice na LDBEN de 1961 – Lei n. 4.024, de 20 de dezembro de 1961 (Brasil, 1961) –, que aprovou a ampliação de 10% previstos na Constituição de 1946 para 12%, mas foi revogada com a aprovação da Constituição de 1967. Durante esse período histórico, ocorreu vinculação orçamentária de 20% somente para os municípios na Lei n. 5.692, de 11 de agosto de 1971 (Brasil, 1971). A retomada da vinculação orçamentária ocorreu na Constituição de 1988, reforçada pela atual LDBEN (Lei n. 9.394/1996).

Outro aspecto relevante no campo do financiamento da educação, no contexto das políticas educacionais, é a **composição de fundos** para a educação. Um novo ordenamento com relação à sistemática de financiamento foi estabelecido com a implantação da Lei n. 9.424, de 24 de dezembro de 1996 (Brasil, 1996b) , que dispõe sobre o Fundo de Manutenção e Desenvolvimento do Ensino Fundamental e de Valorização do Magistério (Fundef), específico para o atendimento do nível de ensino fundamental, e a posterior aprovação da Lei n. 11.494, de 20 de junho de 2007 (Brasil, 2007a), que regulamenta o Fundo de Manutenção e Desenvolvimento da

Educação Básica e de Valorização dos Profissionais da Educação (Fundeb), que passou a atender toda a educação básica (educação infantil, ensino fundamental e ensino médio).

Com a aprovação da Emenda Constitucional n. 108, de 27 de agosto de 2020 (Brasil, 2020a), que altera a Constituição Federal, são estabelecidos novos critérios de distribuição da cota municipal do Imposto sobre Circulação de Mercadorias e Serviços (ICMS). Trata-se de uma das principais modificações na legislação, pois até então a política de fundos ocupava as Disposições Constitucionais Transitórias e, a partir de primeiro de janeiro de 2021, passou a ser considerada uma política de Estado permanente.

A Lei n. 14.113, de 25 de dezembro de 2020 (Brasil, 2020b), que regulamenta o Fundeb, é tratada na integralidade do artigo 212-A.

> *Art. 212-A. Os Estados, o Distrito Federal e os Municípios destinarão parte dos recursos a que se refere o caput do art. 212 desta Constituição à manutenção e ao desenvolvimento do ensino na educação básica e à remuneração condigna de seus profissionais, respeitadas as seguintes disposições: (Incluído pela Emenda Constitucional n. 108, de 2020)*

Entre as principais reformulações do novo Fundeb, destacamos a subvinculação para pagamento dos profissionais do magistério, que foi ampliada para 70%, duas complementações da União quando o valor mínimo definido nacionalmente não for alcançado:

> I - *complementação-VAAF: 10 (dez) pontos percentuais no âmbito de cada Estado e do Distrito Federal [...];*
>
> II - *complementação-VAAT: no mínimo, 10,5 (dez inteiros e cinco décimos) pontos percentuais, em cada rede pública de ensino municipal, estadual ou distrital [...];*

III - complementação-VAAR: 2,5 (dois inteiros e cinco décimos) pontos percentuais nas redes públicas que, cumpridas condicionalidades de melhoria de gestão, alcançarem evolução de indicadores a serem definidos [...]. (Brasil, 2020b)

A União também fará o cálculo do valor anual total por aluno (VAAT) mínimo assim que este for calculado para as redes de ensino e, no caso de os municípios não atingirem esse valor, eles serão contemplados com cota complementar em ordem crescente.

Gráfico 1.1 – Estimativa de progressão da complementação da União (em bilhões) considerando-se o valor de complementação de 2020

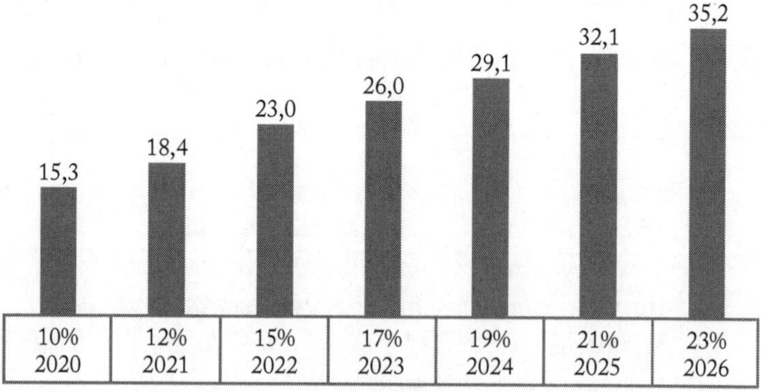

Fonte: Com..., 2020.

No decorrer dos próximos anos, a expectativa é de que o Fundeb, agora permanente, amplie sua característica de redução das desigualdades no financiamento da educação, ao menos no que tange à ampliação de recursos, contribuindo significativamente com uma política pública de ampliação da igualdade de oportunidades educacionais, buscando principalmente a ampliação de recursos financeiros aos municípios mais pobres.

Destacamos, assim, alguns aspectos do financiamento da educação no Brasil, ressaltando que os recursos destinados à ampliação da oferta educacional, apesar de considerados insuficientes, especialmente para a oferta de ensino de qualidade para toda a população, vêm sofrendo aumentos – particularmente após o período de ditadura militar – que se consolidam com a Constituição de 1988 e com a LDBEN de 1996. No entanto, com a aprovação da Emenda Constitucional n. 108/2020 e da Lei n. 14.113/2020, surge um novo fator nessa política de fundos, pois o Fundeb torna-se permanente e está prevista uma significativa ampliação na legislação aos recursos financeiros até 2026.

A seguir, daremos enfoque especial ao processo de elaboração dos Planos Nacionais de Educação (PNEs) e, no decorrer dos demais capítulos, retomaremos aspectos relativos ao financiamento educacional.

O **PNE** – Lei n.13.005, de 25 de junho de 2014 (Brasil, 2014a) – merece destaque na atualidade em termos de legislação educacional como orientador na definição de políticas educacionais para todo o país[2].

É importante fazermos uma pequena incursão na história para analisar as opções dos governantes até o presente. A primeira e a principal ideia de organização da educação brasileira remonta à década de 1930, com manifestação explícita no Manifesto dos Pioneiros, de 1932. Contudo, é importante destacar, conforme Saviani (1999), que essas propostas somente foram apresentadas concretamente na legislação educacional após a Constituição de 1934, que atribuiu ao Conselho Nacional de Educação (CNE),

2 Em razão da importância desse documento na atualidade para a definição das políticas educacionais, optamos por apresentar as 20 metas do Plano Nacional de Educação (2014-2024) no Anexo ao final desta obra.

criado em 1931 e reorganizado em 1936, a finalidade de elaborar um PNE. A proposta do plano foi encaminhada ao ministro em 17 de maio de 1937, mas acabou não se efetivando em razão do advento do Estado Novo.

Durante o período do Estado Novo (1937 a 1945), o então Ministro da Educação, Gustavo Capanema, apresentou a ideia de um plano de educação como organizador da política educacional, que necessitaria da elaboração de uma lei geral de ensino. No entanto, segundo Saviani (1999, p. 127), "nem o Código de Educação nem o Plano de Educação chegaram a ser elaborados [...], somente [...] as Leis Orgânicas do Ensino, também conhecidas como 'Reformas Capanema', foram, então, decretadas".

Na Constituinte de 1946, a ideia de implementar sistemas educacionais próprios nos municípios foi tema de ampla discussão, mas não se efetivou. De acordo com Saviani (1999), no período entre 1946 e 1964, duas visões de plano de educação estavam presentes no momento da tramitação do primeiro projeto de lei de diretrizes e bases: uma atribuindo ao Estado a função específica de planejamento e desenvolvimento do país, outra destacando a defesa da iniciativa privada e a não ingerência do Estado na economia e no ensino.

> *Entretanto, na discussão da LDB prevaleceu a segunda tendência que defendia a liberdade de ensino e o direito da família de escolher o tipo de educação que deseja para seus filhos, considerando que a ação planificada do Estado trazia embutido o risco de totalitarismo. Em decorrência dessa orientação, a ideia de Plano de Educação na nossa primeira LDB ficou reduzida a instrumento de distribuição de recursos para os diferentes níveis de ensino. De fato, pretendia-se que o Plano garantisse o acesso das escolas particulares, em especial as católicas, aos recursos públicos destinados à educação.* (Saviani, 1999, p. 127)

Assim, a estrutura da organização do ensino na primeira LDBEN – Lei n. 4.024, de 20 de dezembro de 1961 (Brasil, 1961) – estabeleceu a criação de sistemas para cada unidade da federação, ou seja, pluralizou os sistemas e, ao fazê-lo, optou por organizá-los por meio de um PNE, deixando de lado a possibilidade de constituir um sistema nacional de educação. Em 1971, a LDBEN sofreu uma reformulação por meio da Lei n. 5.692, de 11 de agosto de 1971 (Brasil, 1971); porém, no que diz respeito à organização do ensino com base em um sistema nacional de educação, nada mudou com relação à LDBEN de 1961, ou seja, os sistemas permaneceram concorrentes e interdependentes.

Nesse percurso, verificamos que a vinculação de verbas para a educação não é um fato consumado nem mesmo nas Constituições – a vinculação está presente nas constituições de 1934, 1946, 1969 (somente para os municípios) e 1988 e ausente nas constituições de 1937 e 1967. Portanto, inferimos que, muito provavelmente, a vinculação de verbas para a educação não tenha se concretizado na prática, ou seja, mesmo quando ela ocorreu, os recursos destinados foram insuficientes para uma modificação no que diz respeito ao atendimento quantitativo, e ainda mais escassas se considerarmos os fatores quantitativo e qualitativo.

Ao analisar a questão da organização da educação na LDBEN de 1996, podemos novamente registrar que, no Brasil, não existe um sistema nacional de educação e a opção permanece pela elaboração de planos de educação por todos os entes da federação. No entanto, para Saviani (1997), parece ser evidente a relação de implicação entre os conceitos de *Lei de Diretrizes e Bases da Educação Nacional* e de *Sistema Nacional de Educação*, pois:

Quando a Constituição determina que a União estabeleça as diretrizes e bases da educação nacional, obviamente ela está pretendendo com isso que a educação, em todo o território do país, seja organizada segundo diretrizes comuns e sobre bases também comuns. E a organização educacional com essas características é o que se chama "sistema nacional de educação". (Saviani, 1997, p. 206)

Contudo, apesar dessas características, a ideia de um sistema nacional de educação ainda não se concretizou, pois a Constituição de 1988 conta com um ordenamento jurídico complexo, em que competências privativas e concorrentes coexistem.

Para dar conta deste modelo federado e cooperativo, a Constituição compôs um ordenamento jurídico complexo no qual coexistem, segundo Almeida (Fernanda Dias Menezes de Almeida, Competências na Constituição de 1988, São Paulo: Atlas, 1991), ***competências privativas, repartidas horizontalmente, com competências concorrentes, repartidas verticalmente, abrindo-se espaço também para a participação das ordens parciais na esfera de competências próprias da ordem central, mediante delegação*** *(p. 79). Junto com estas, associam-se as competências comuns.* (Brasil, 2000, p. 3, grifo do original)

No entanto, tal articulação proposta estabelece a necessidade da constituição de sistemas entre os entes da federação e, segundo o relator Carlos Roberto Jamil Cury (Brasil, 2000), é "desta concepção articulada entre os sistemas que decorre a exigência de um Plano Nacional de Educação (art. 214 da Constituição Federal)" e, por consequência, a elaboração de planos estaduais de educação e planos municipais de educação.

Por meio dessa estruturação, foi aprovado o PNE – Lei n.10.172, de 9 de janeiro de 2001 (Brasil, 2001), com validade prevista para dez anos (2001-2011). O processo anterior à aprovação desse plano contou com ampla participação da sociedade brasileira nos Congressos Nacionais de Educação I e II (Coneds), que resultou no *Plano Nacional de Educação: proposta da sociedade brasileira* (Plano..., 1997). O documento continha em suas proposições o compromisso com a educação para todos, pública, gratuita e de qualidade, extremamente comprometida com a população.

Contudo, a Lei n. 10.172/2001 desconsiderou o amplo movimento realizado pela sociedade brasileira e tem suas bases na proposta de PNE do Ministério da Educação (MEC), que, ao contrário da proposta elaborada nos Coneds, tem raízes profundamente comprometidas com o mercado e com as instituições financeiras internacionais.

> *As reformas educacionais, portanto, vão ocorrer sobre forte impacto de diagnósticos, relatórios e receituários, empregados como paradigmas por essas tecnocracias governamentais, cunhados no âmbito de órgãos multilaterais de financiamento, como as agências do Banco Mundial (BM) – Banco Interamericano de Desenvolvimento (BID) e Banco Internacional para a Reconstrução e o Desenvolvimento (BIRD) –, e de órgãos voltados para a cooperação técnica, como o Programa das Nações Unidas para a Educação, Ciência e a Cultura (UNESCO), a Organização para a Cooperação e Desenvolvimento Econômico (OCDE), o Fundo das Nações Unidas para a Infância (UNICEF), o Programa das Nações Unidas para o Desenvolvimento (PNUD). No bojo dos estudos e propostas elaborados por esses organismos (cf. Kruppa, 2001; De Tommasi, Warde & Haddad, 1996; Olivelra, 1997; Siquelra, 2001), apesar de distintos em termos de suas prioridades e focos, evidencia-se a defesa da descentralização como forma de desburocratização do Estado e de abertura a novas formas de gestão da esfera pública; da autonomia gerencial para as unidades escolares e, ainda, a busca de incrementos nos Índices de produtividade dos sistemas públicos, marcadamente sob inspiração neoliberal, em*

que pese, também, as diferentes formas que a descentralização da educação veio assumir na América Latina (por exemplo, em termos da municipalização e da regionalização). (Souza; Faria, 2003, p. 53)

No entanto, apesar das orientações dos organismos internacionais nos documentos legais brasileiros, ao analisarmos o conteúdo da LDBEN de 1996, percebemos que a União permanece com a coordenação política da educação nacional, elaborando o PNE.

Tal estratégia adotada para a organização do ensino parece ser óbvia, uma vez que, no decorrer da história brasileira até os dias atuais, a União, em nenhum momento, comprometeu-se efetivamente com o ensino básico, aquele que é destinado à maioria da população, pois suas principais responsabilidades são a coordenação da política nacional de educação, a oferta da educação superior e a articulação dos diferentes níveis e sistemas por meio das funções normativa, redistributiva e supletiva.

Podemos perceber, por meio dessa breve retomada histórica, que, até então, não ocorreu nenhuma referência à implementação de um sistema nacional de ensino. Somente em 25 de junho de 2014, com a aprovação da Lei n.13.005, é que se previu que a organização do sistema educacional brasileiro passasse a contar com um Sistema Nacional de Educação (SNE) depois de dois anos da publicação da lei. A indicação para tanto está presente no art. 13[3] da referida lei, cuja principal característica é a articulação dos sistemas de ensino por meio do regime de colaboração.

3 Até a presente data não foi aprovada lei específica que institui o SNE.

> *Art. 13. O poder público deverá instituir, em lei específica, contados 2 (dois) anos da publicação desta Lei, o Sistema Nacional de Educação, responsável pela articulação entre os sistemas de ensino, em regime de colaboração, para efetivação das diretrizes, metas e estratégias do Plano Nacional de Educação.* (Brasil, 2014a)

Contudo, é preciso retomar o que diz a LDBEN em seu art. 8º: "A União, os Estados, o Distrito Federal e os Municípios organizarão, em regime de colaboração, os respectivos sistemas de ensino" (Brasil, 1996a), ou seja, o regime de colaboração está previsto na legislação e os acordos/convênios entre os entes da federação para viabilizar a oferta de todos os níveis de ensino já estão sendo celebrados ou colocados em prática, principalmente os que são obrigatórios na legislação educacional.

Apesar do reforço legal existente na Lei n.13.005/2014, não há uma definição clara e explícita de como ocorrerá a articulação entre os entes da federação e os respectivos sistemas de ensino por meio do regime de colaboração, visto que já estava previsto na legislação, mas também carecia de regulamentação específica.

Uma das ações que podem colaborar com a intenção do PNE em efetivar o SNE tem muito a ver com a forma como a organização da educação brasileira vem sendo implementada durante a história, pois novamente é reforçado na Lei n. 13.005/2014:

> *Art. 8º. Os Estados, o Distrito Federal e os Municípios deverão elaborar seus correspondentes planos de educação, ou adequar os planos já aprovados em lei, em consonância com as diretrizes, metas e estratégias previstas neste PNE, no prazo de 1 (um) ano contado da publicação desta Lei [ou seja, o prazo encerrou-se em 24 de junho de 2015].* (Brasil, 2014a)

De acordo com informações do MEC, a maioria dos estados e municípios já aprovou os respectivos planos de educação. O processo ocorreu por meio de assistência técnica aos entes da federação, o que caracteriza a atuação da União em sua função supletiva, a qual foi monitorada pela Secretaria de Articulação com os Sistemas de Ensino (Sase).

O PNE tem duração prevista de dez anos (2014-2024) e deve contribuir para a constituição de um processo de continuidade entre as diferentes gestões governamentais que se sucederem no poder durante o período, estabelecendo metas e estratégias fundamentais para a busca da melhoria da qualidade da educação no Brasil. A respeito do PNE/2014, Czernisz (2014, p. 519) destaca:

> *O PNE, organizado a partir de 20 metas, recupera preceitos constitucionais, reafirmando-os e ampliando-os, quando apresenta como premissas a universalização da educação básica pública; a garantia da qualidade e a gratuidade da educação em estabelecimentos públicos; a gestão democrática e o respeito à diversidade; a valorização dos profissionais da educação e o financiamento público, assim como a expansão da oferta da educação superior.*

Contudo, não poderíamos deixar de comentar que as discussões sobre o novo PNE 2024-2034 já estão sendo realizadas por meio de seu documento base aprovado em 2021, que tem como tema: "Inclusão, equidade e qualidade: compromisso com o futuro da educação brasileira".

A IV Conferência Nacional de Educação (Conae), realizada em 2022, teve uma etapa nacional realizada em Brasília nos dias 29 e 30 de novembro e 1º de dezembro de 2022, precedida por Conferências Municipais e/ou Intermunicipais, Estaduais e Distrital de Educação e Conferências Preparatórias Livres, coordenadas pelo Fórum Nacional de Educação (FNE), nos termos do art. 6º da Lei n. 13.005/2014.

O tema central da Conae (2021) foi dividido em três eixos de acordo com o documento:

> *Eixo 1. O PNE 2024 – 2034: avaliação das diretrizes e metas*
>
> *Eixo 2. Uma escola para o futuro: tecnologia e conectividade a serviço da educação*
>
> *Eixo 3. Criação do SNE: avaliação da legislação inerente e do modelo em construção*

Também ressaltamos a Base Nacional Comum Curricular (BNCC) como um documento normativo que estabelece o conjunto de aprendizagens essenciais que todos os alunos devem desenvolver ao longo das etapas (educação infantil; ensino fundamental e ensino médio) e modalidades da educação básica (educação especial, educação de jovens e adultos, educação do campo, educação escolar indígena, educação escolar quilombola, educação a distância).

Em conformidade com a LDBEN, a BNCC deve nortear os currículos dos sistemas e redes de ensino das Unidades Federativas, assim como as propostas pedagógicas de todas as escolas públicas e privadas de educação infantil, ensino fundamental e ensino médio, em todo o Brasil.

A BNCC é estabelecida e promulgada com base em alguns marcos legais que devem ser respeitados, entre os quais se destacam:

- **Constituição de 1988**: em seu art. 205, reconhece a educação como direito fundamental compartilhado entre Estado, família e sociedade.

- **LDBEN (Lei n. 9.394/1996)**: em seu art. 9º, inciso IV, define que cabe à União

estabelecer, em colaboração com os Estados, o Distrito Federal e os Municípios, competências e diretrizes para a Educação Infantil, o Ensino Fundamental e o Ensino Médio, que nortearão os currículos e seus conteúdos mínimos, de modo a assegurar formação básica comum;

Já o art. 26 da LDBEN determina que

Os currículos do ensino fundamental e médio devem ter base nacional comum, a ser complementada, em cada sistema de ensino e estabelecimento escolar, por uma parte diversificada, exigida pelas características regionais e locais da sociedade, da cultura, da economia e da clientela.

- **DCN**: em 2010, o CNE promulgou novas DCN, ampliando e organizando o conceito de contextualização, como "a inclusão, a valorização das diferenças e o atendimento à pluralidade e à diversidade cultural, resgatando e respeitando as várias manifestações de cada comunidade" (Brasil, 2010b).
- **PNE (Lei n. 13.005/2014)**: indica a necessidade de *estabelecer e implantar, mediante pactuação interfederativa [União, Estados, Distrito Federal e Municípios], diretrizes pedagógicas para a educação básica e a base nacional comum dos currículos, com direitos e objetivos de aprendizagem e desenvolvimento dos(as) alunos(as) para cada ano do Ensino Fundamental e Médio, respeitadas as diversidades regional, estadual e local; (Brasil, 2014a)*

O pacto interfederativo para a implementação da BNCC indicou a necessidade de decisões curriculares e didático-pedagógicas das Secretarias de Educação; planejamento do trabalho anual das instituições escolares das rotinas e eventos do cotidiano escolar, na direção proposta. Nesse sentido, nos termos da Lei n. 13.005/2014, que promulgou o PNE, a BNCC depende do adequado funcionamento do regime de colaboração entre os entes federativos (âmbito federal, estadual e municipal) para alcançar seus objetivos.

De maneira geral, podemos dizer que os fundamentos pedagógicos da BNCC são o foco no desenvolvimento de competências e o compromisso com a educação integral dos estudantes.

A BNCC define dez competências gerais que devem ser desenvolvidas ao longo de toda a Educação Básica.

> *Na BNCC,* **competência** *é definida como a mobilização de conhecimentos (conceitos e procedimentos), habilidades (práticas, cognitivas e socioemocionais), atitudes e valores para resolver demandas complexas da vida cotidiana, do pleno exercício da cidadania e do mundo do trabalho.* (Brasil, 2022a, p. 8)

Dez competências gerais da BNCC

1) Valorizar e utilizar os conhecimentos historicamente construídos sobre o mundo físico, social, cultural e digital para entender e explicar a realidade, continuar aprendendo e colaborar para a construção de uma sociedade justa, democrática e inclusiva.

2) Exercitar a curiosidade intelectual e recorrer à abordagem própria das ciências, incluindo a investigação, a reflexão, a análise crítica, a imaginação e a criatividade, para investigar causas, elaborar e testar hipóteses, formular e resolver problemas e criar soluções (inclusive tecnológicas) com base nos conhecimentos das diferentes áreas.

3) Valorizar e fruir as diversas manifestações artísticas e culturais, das locais às mundiais, e também participar de práticas diversificadas da produção artístico-cultural.

4) Utilizar diferentes linguagens – verbal (oral ou visual-motora, como Libras, e escrita), corporal, visual, sonora e digital –, bem como conhecimentos das linguagens artística, matemática e científica, para se expressar e partilhar informações, experiências, ideias e sentimentos em diferentes contextos e produzir sentidos que levem ao entendimento mútuo.

5) Compreender, utilizar e criar tecnologias digitais de informação e comunicação de forma crítica, significativa, reflexiva e ética nas diversas práticas sociais (incluindo as escolares) para se comunicar, acessar e disseminar informações, produzir conhecimentos, resolver problemas e exercer protagonismo e autoria na vida pessoal e coletiva.

6) Valorizar a diversidade de saberes e vivências culturais e apropriar-se de conhecimentos e experiências que lhe possibilitem entender as relações próprias do mundo do trabalho e fazer escolhas alinhadas ao exercício da cidadania e ao seu projeto de vida, com liberdade, autonomia, consciência crítica e responsabilidade.

7) Argumentar com base em fatos, dados e informações confiáveis, para formular, negociar e defender ideias, pontos de vista e decisões comuns que respeitem e promovam os direitos humanos, a consciência socioambiental e o consumo responsável em âmbito local, regional e global, com posicionamento ético em relação ao cuidado de si mesmo, dos outros e do planeta.

8) Conhecer-se, apreciar-se e cuidar de sua saúde física e emocional, compreendendo-se na diversidade humana e reconhecendo suas emoções e as dos outros, com autocrítica e capacidade para lidar com elas.

9) Exercitar a empatia, o diálogo, a resolução de conflitos e a cooperação, fazendo-se respeitar e promovendo o respeito ao outro e aos direitos humanos, com acolhimento e valorização da diversidade de indivíduos e de grupos sociais, seus saberes, identidades, culturas e potencialidades, sem preconceitos de qualquer natureza.

10) Agir pessoal e coletivamente com autonomia, responsabilidade, flexibilidade, resiliência e determinação, tomando decisões com base em princípios éticos, democráticos, inclusivos, sustentáveis e solidários.

Fonte: Brasil, 2022a, p. 9-10.

Confira na Figura 1.1 uma imagem organizada pelo Instituto Nacional de Estudos e Pesquisas Educacionais Anísio Teixeira (Inep) que sintetiza as 10 competências mencionadas.

Figura 1.1 – Competências gerais da nova BNCC

1. Conhecimento
Valorizar e utilizar os conhecimentos sobre o mundo físico, social, cultural e digital.
2. Pensamento científico, crítico e criativo
Exercitar a curiosidade intelectual e utilizar as ciências com criticidade e criatividade.
3. Repertório cultural
Valorizar as diversas manifestações artísticas e culturais.
4. Comunicação
Utilizar diferentes linguagens.
5. Cultura digital
Compreender, utilizar e criar tecnologias digitais de forma crítica, significativa e ética.
10. Responsabilidade e cidadania
Agir pessoal e coletivamente com autonomia, responsabilidade, flexibilidade, resiliência e determinação.
9. Empatia e cooperação
Exercitar a empatia, o diálogo, a resolução de conflitos e a cooperação.
8. Autoconhecimento e autocuidado
Conhecer-se, compreender-se na diversidade humana e apreciar-se.
7. Argumentação
Argumentar com base em fatos, dados e informações confiáveis.
6. Trabalho e projeto de vida
Valorizar e apropriar-se de conhecimentos e experiências

Fonte: Inep, 2023a.

Ao longo desta obra, abordaremos a BNCC e outras leis e documentos muito importantes e específicos no campo educacional, especialmente no que diz respeito à educação infantil, ao ensino fundamental, ao ensino médio e às modalidades da educação básica. Esses documentos instituem a educação regular no Brasil e auxiliam na organização de seu funcionamento.

1.3
Papel das políticas educacionais na atualidade

Ao tratar de políticas educacionais, é preciso primeiramente entender o que são *políticas.* O termo *política* está relacionado com opção, escolha entre caminhos diversos, tomada de decisão, planejamento ou proposta de ação; porém, tais ações são norteadas por concepções de mundo, de sociedade. É nesse sentido que existem políticas diversas, entre as quais são relevantes para nosso estudo, por estarem articuladas, as **políticas sociais**, **econômicas** e **educacionais**.

Vivemos em uma sociedade cindida em classes sociais: a sociedade capitalista. Basicamente, podemos dizer que temos uma **classe dominante**, dona do capital e dos meios de produção (instrumentos de trabalho, propriedade privada, terra), a qual vive da exploração da mão de obra da **classe dominada**, composta pelos trabalhadores – todos aqueles que precisam trabalhar para viver, para manter a própria sobrevivência e a da família.

Na sociedade capitalista, embora sejam inegáveis os avanços da ciência e da tecnologia, também é visível a desigualdade social. Nem todos têm acesso aos bens materiais e culturais produzidos pela coletividade. De certa forma, ao mesmo tempo que essa sociedade produz bens que sustentam a vida humana, também produz o contrário: a morte, a miséria e a pobreza. Nesse contexto, tal sociedade prima pelo desenvolvimento de **políticas econômicas**, ou seja, volta-se prioritariamente para o atendimento da lógica do mercado, do lucro, do consumismo.

Ocorre que, para o sistema capitalista continuar se mantendo e a classe trabalhadora ter condições de permanecer se submetendo aos ditames dessa lógica social, são desenvolvidas as denominadas *políticas sociais*. Chamamos a atenção para o fato de que a conceituação de políticas sociais é bastante difícil em razão de sua complexidade no âmbito da sociedade capitalista:

> *Muitos se têm dedicado à nem sempre fácil tarefa de esclarecer a essência das políticas sociais. Essas políticas têm sido ligadas ao funcionamento do mercado, à capacidade de compensar as falhas deste, à ação e aos projetos dos governos, aos problemas sociais, à reprodução das relações sociais, à transformação dos trabalhadores não assalariados em trabalhadores assalariados, ao abrandamento dos conflitos de classe etc. Políticas sociais meramente descritivas ou não, seu estudo implica muito esforço e enormes embaraços, até para quem não pretenda estrita definição do conceito.* (Vieira, 2004, p. 13)

No capitalismo, há a submissão das políticas socais às políticas econômicas. Podemos dizer que, de modo geral, as políticas sociais têm o objetivo de "minimizar as mazelas produzidas pelo modelo produtivo e estabelecer condições mínimas para a sobrevivência e a reprodução da força de trabalho sem, contudo, alterar as bases do sistema" (Bruel, 2010, p. 31).

As políticas sociais também são, portanto, contraditórias, visto que nascem para responder a uma dupla demanda: aos interesses das camadas trabalhadoras da população, que buscam melhores condições de vida (saúde, trabalho, alimentação, moradia etc.), e à própria lógica da sociedade capitalista, ou seja, aos interesses da classe dominante, que necessita que a classe dominada tenha um mínimo de condições para continuar se submetendo ao *status quo* estabelecido, fornecendo sua mão de obra, o que possibilita o desenvolvimento contínuo do capitalismo. Podemos afirmar, então, que "as políticas sociais não têm o objetivo de superar ou transformar o modelo econômico, pois estão a ele submetidas" (Bruel, 2010, p. 31).

As políticas sociais estão subdivididas em várias áreas de atuação, como políticas de saúde, de moradia, trabalhistas e educacionais. Contraditoriamente, no seio da sociedade capitalista, voltada em primeiro lugar para a produção do lucro, desenvolvem-se políticas específicas que podem promover melhorias para a vida das camadas trabalhadoras da população, como o acesso a medicamentos mediante políticas de saúde pública; o cumprimento de direitos no campo das relações trabalhistas, a exemplo do direito a férias e a décimo terceiro salário; ou, ainda, o desenvolvimento de medidas que visem à garantia do ensino obrigatório por parte do Estado, no campo das políticas educacionais. Essas políticas não são, portanto, dadas ou concedidas sem que haja debates, jogos de interesses envolvidos e divergências no entendimento a seu respeito. Conforme Bruel (2010, p. 32-33):

> *a realidade é dinâmica e contraditória, o que significa que existe sempre espaço para a contestação e para a tentativa de construção de uma perspectiva contra-hegemônica. No caso da disputa por políticas públicas que privilegiem a dimensão social e não a econômica, esse espaço se materializa, sobretudo, nas esferas públicas das sociedades democráticas.*

As **políticas educacionais** estão inseridas no contexto maior das políticas sociais e destinam-se ao desenvolvimento de programas e projetos voltados à garantia dos direitos humanos no campo da educação – direitos que foram definidos na legislação educacional, mas que precisam ser colocados em prática e se materializar.

> Assim, "a política educacional é aqui entendida como o conjunto de ações, programas, projetos, leis que movimenta a área educacional, sempre pautada numa determinada concepção de sociedade e de homem" (Aranda, 2010, p. 16).

Como as políticas, de modo geral, estão pautadas em determinada concepção de *homem* e de *sociedade*, ressaltamos que as políticas educacionais, da mesma forma que as demais políticas sociais, desenvolvem-se em um terreno de disputas, conforme destacado por Bruel (2010, p. 31):

> *As políticas educacionais, como recorte específico das políticas sociais, não conseguem fugir à regra, ou seja, permanecem igualmente subsumidas à lógica econômica. Apesar de a racionalidade imposta pelo modelo econômico muitas vezes contrariar a natureza própria do trabalho educativo, a tendência de atuação do Estado continua sendo a de garantir, em primeiro lugar, a estabilidade econômica e manutenção do modelo produtivo.*

Entretanto, mesmo em um contexto como o que vivemos – da sociedade capitalista –, é possível desenvolver ações voltadas à garantia dos direitos sociais que visem à superação da lógica economicista. Isso não é fácil, mas é possível, desde que os educadores e a sociedade como um todo conscientizem-se de suas possibilidades de atuação por meio das instâncias democráticas estabelecidas. Tais instâncias podem auxiliar na definição das políticas educacionais de garantia dos direitos humanos nesse campo. De acordo com Bruel (2010, p. 33): "Por isso, as relações entre Estado e sociedade civil são importantes para a compreensão sobre os rumos da educação, sobretudo para a criação de estratégias que superem esta situação de predomínio da política econômica sobre as políticas sociais".

As ideias até aqui abordadas demonstram que a escola pública, nesse cenário, encerra um caráter contraditório no campo das políticas educacionais. Sob uma perspectiva dialética, isso nos leva a refletir sobre o fato de que, por um lado, esse espaço pode possibilitar a democratização dos conhecimentos à medida que consiga cumprir sua função social; por outro, e muitas vezes ao mesmo tempo, a escola pública pode ser instrumento de consolidação da ordem estabelecida.

Historicamente, no Brasil, as políticas educacionais, no contexto das políticas sociais, têm buscado defender princípios como o da escola pública, gratuita, universal, obrigatória e laica. **Pública** porque é do povo, de toda a população; **gratuita** porque deve ser mantida pelo Estado, sem custos à população; **universal** no sentido de não fazer distinções de qualquer tipo a seu acesso; **obrigatória** quanto à sua oferta por parte do Estado e no dever das famílias em matricular e manter os alunos na escola; e **laica** porque não deve ter bases religiosas.

Mesmo assim, por vezes, as políticas educacionais podem encerrar um caráter negativo em relação às classes trabalhadoras – por exemplo, quando são desenvolvidos projetos que colaboram para transformar a educação em mercadoria, contribuindo para a exclusão social. Lembramos novamente que as políticas educacionais se estabelecem no campo das políticas sociais e "para ser social uma política (*policy*) precisa lidar com as diferentes forças sociais em disputa, considerando que envolve pessoas, grupos, movimentos sociais, profissionais, empresários, trabalhadores, conselhos, fóruns, entre outras denominações" (Aranda, 2010, p. 17).

O desenvolvimento das políticas sociais de modo geral e da política educacional em específico exige que pensemos também na importância da **participação dos sujeitos** envolvidos na definição dos processos educativos. Todos os educadores e usuários da escola pública deveriam participar das tomadas de decisões referentes às políticas educacionais e sua implementação. Compreender a categoria *participação*, portanto, é bem relevante no âmbito dos estudos das políticas educacionais. Segundo Aranda (2010, p. 16):

Entende-se a participação como uma categoria histórica construída nas relações sociais, um princípio orientador de ações que precisam ser constantemente aprendidas e apreendidas de modo que os homens possam se constituir em sujeitos da história, fazer a história, mesmo com a percepção de que nesta estrutura social as condições para esse fazer não lhe são dadas a priori, mas precisam ser conquistadas no movimento histórico presente nas relações sociais, políticas e econômicas, ou seja, possibilitadas pelas contradições e mediações presentes numa totalidade social.

Precisamos buscar a participação efetiva das pessoas na produção histórica das relações sociais, mesmo sabendo que as condições e possibilidades para isso, muitas vezes, são limitadas – a busca por tais condições deve ser contínua no seio das contradições e das mediações existentes na sociedade. Para tanto, conhecer os espaços democráticos da atualidade e participar deles pode ser um caminho para instituir políticas educacionais voltadas à construção de uma educação de qualidade. Entre esses espaços estão os fóruns em defesa da escola pública, os conselhos de educação (municipais, estaduais e nacional) e as organizações sindicais nas diversas esferas existentes.

Síntese

Neste capítulo, apresentamos três conceitos-base para as discussões sobre a organização do ensino no Brasil, os quais trazem implicações sobre a organização da educação formal no país e estão articulados nas práticas educacionais vivenciadas no contexto da sociedade em que estamos inseridos. São eles: sistema, legislação e política educacional.

De modo geral, discutimos a inserção da escola e das políticas educacionais no contexto da sociedade capitalista (limitações, contradições e possibilidades), ou seja, a inserção na realidade social e cultural contemporânea brasileira, voltando-nos para uma perspectiva de formação e consolidação da cidadania.

Assim, concluímos que não existe neutralidade no campo das políticas educacionais. Nessa ação coletiva e organizada, a participação é fundamental para influenciar o caminho que queremos seguir.

Indicação cultural

Filme

ENTRE os muros da escola. Direção: Laurent Cantet. França: Imovision, 2008. 128 min.

O título original desse filme francês é *Entre les murs*. A história é baseada em um livro escrito por François Bégaudeau, que, além de escritor, também é professor. O filme apresenta diferenças sociais e culturais entre professores e alunos, bem como propicia a reflexão sobre a relação entre a escola e a sociedade. Foi vencedor da Palma de Ouro do Festival de Cannes em 2008.

Atividades de autoavaliação

1. É importante que professores e pedagogos conheçam e entendam como o ensino no Brasil está organizado. Essa organização ocorre em dois níveis, que, por sua vez, englobam outras etapas

específicas. Assinale a alternativa correta a respeito da definição dos níveis de ensino pela Lei de Diretrizes e Bases da Educação Nacional – LDBEN (Lei n. 9.394/1996).

a) Educação básica (engloba educação infantil, ensino fundamental e ensino médio) e educação superior (engloba graduação e pós-graduação).
b) Ensino fundamental (engloba os anos iniciais e finais) e ensino médio (profissionalizante).
c) Educação infantil (atende crianças até os 5 anos de idade) e ensino fundamental (engloba os anos iniciais e finais).
d) Ensino fundamental (engloba os anos iniciais e finais) e educação superior (engloba graduação e pós-graduação).

2. A legislação educacional estabelece as normativas para a educação. São várias as leis importantes nesse sentido, como a Lei de Diretrizes e Bases da Educação Nacional – LDBEN (Lei n. 9.394/1996) e o Plano Nacional de Educação (PNE). Qualquer lei no campo educacional brasileiro deve, em primeiro lugar, observar o que é definido pela Constituição Federal de 1988. De acordo com a Constituição Federal, é dever do Estado garantir:

   a) a oferta obrigatória do ensino médio, mesmo que não seja gratuito para todos os alunos que concluíram o ensino fundamental na idade prevista.
   b) o atendimento gratuito ou pago pelos pais em pré-escola para todas as crianças de 0 a 5 anos de idade, independentemente da região em que a família mora – o acesso à educação infantil deve ser realidade tanto no espaço urbano quanto no rural.

c) o ensino fundamental, obrigatório e gratuito, inclusive para aqueles que não tiveram acesso na idade própria – a oferta, nesse caso, deve ocorrer por meio da educação de jovens e adultos (EJA).
d) o acesso e a permanência na educação superior para todos que concluíram o ensino médio com aprovação acima da média em todas as disciplinas, pois o histórico escolar do aluno deve ser considerado.

3. A importância da participação dos profissionais da educação nos processos de definição e implementação das políticas educacionais pode ser defendida com base em alguns elementos. Analise as proposições a seguir.
   I. Os profissionais que atuam nas instituições de educação e ensino são responsáveis, em última instância, pela execução das políticas educacionais; por isso, é fundamental que participem dos processos decisórios.
   II. Tendo em vista que alguns dos maiores problemas na realização das políticas educacionais estão relacionados à fragmentação e à descontinuidade, a participação pode ser uma forma de garantir maior articulação entre os processos de concepção e execução das ações.
   III. A participação deve se restringir aos professores, que são os principais agentes do processo de ensino e diretamente responsáveis pela formação dos alunos.
   IV. A participação nos processos de definição e implementação das políticas educacionais é fundamental à democracia e pode contribuir para a qualificação profissional e o controle do processo de trabalho pelo próprio sujeito.

   Agora, assinale a alternativa que indica as afirmações corretas:
   a) I, II e III.
   b) I, II e IV.

c) I, III e IV.
d) II, III e IV.

4. A legislação educacional brasileira é muito importante para a definição das políticas educacionais e, de modo geral, indica o caminho a ser seguido e deve ser respeitada. Na área educacional, podemos citar: a Constituição Federal de 1988, o Plano Nacional de Educação (PNE), o Estatuto da Criança e do Adolescente (ECA) e a Lei de Diretrizes e Bases da Educação Nacional (LDBEN). A respeito dessas normas, assinale a alternativa correta.
   a) O ECA foi promulgado em 1990 e já perdeu a validade na atualidade. Por esse motivo, não é necessário que futuros pedagogos e professores tenham conhecimento a respeito dessa legislação.
   b) O PNE 2014 orienta a definição de políticas educacionais para todo o país. A lei tem vigência definida para dez anos e define metas importantes que devem ser cumpridas no período abrangendo diferentes níveis, etapas e modalidades de ensino.
   c) A atual LDBEN é a Lei n. 9.394/1996 e define que a educação básica é formada pelas etapas de educação infantil e ensino fundamental. Além da educação básica, haveria outro nível de ensino chamado *ensino médio*.
   d) De acordo com a Constituição Federal de 1988, o acesso à educação deve ser obrigatório e gratuito, com implicações para a família, que deve garantir a oferta, preferencialmente no setor privado. Portanto, cabe aos pais garantir, de alguma forma, que seus filhos tenham direito à educação.

5. A educação escolar é uma modalidade de educação que se destina:

   a) ao ensino informal, para a troca de experiências e a valorização dos conhecimentos advindos do senso comum, aqueles próprios do cotidiano, do dia a dia das pessoas.
   b) institucionalmente, à transmissão dos conhecimentos produzidos de forma coletiva pelos seres humanos e historicamente acumulados, e à criação de posturas sociais voltadas à vida cidadã.
   c) prioritariamente, ao ensino da rede privada, destinado ao atendimento efetivo e com qualidade de toda a população em idade escolar. Apenas a rede privada de ensino tem condições de atender toda a população, principalmente os mais carentes economicamente.
   d) unicamente, à educação corporativa, que prepara para a atuação em empresas e corporações, vinculada com a educação profissionalizante. Portanto, essa forma de educação é a mais efetiva na sociedade atual.

Atividades de aprendizagem

Questões para reflexão

1. Você conhece políticas educacionais da rede de ensino do município em que reside? Quais? Como elas se desenvolvem?

2. Entre as normas que devemos conhecer, uma das mais fundamentais é a Lei de Diretrizes e Bases da Educação Nacional – LDBEN (Lei n. 9.394/1996). Confira a lei a seguir e, após sua leitura, destaque os pontos que considerou mais importantes, justificando as escolhas de maneira relacionada às práticas que podem ser desenvolvidas nas escolas.

BRASIL. Lei n. 9.394, de 20 de dezembro de 1996. **Diário Oficial da União**, Poder Legislativo, Brasília, DF, 23 dez. 1996. Disponível em: <http://www.planalto.gov.br/ccivil_03/LEIS/l9394.htm>. Acesso em: 4 jan. 2023.

Atividade aplicada: prática

1. Leia os dois textos indicados a seguir e elabore um fichamento em que apresente as ideias dos autores, comparando-as e estabelecendo relações. Procure destacar os pontos principais abordados por eles, se as ideias de ambos são convergentes e de que forma as reflexões contribuíram para seu entendimento a respeito de sistemas de ensino e conselhos municipais de educação.

   SARMENTO, D. C. Criação dos sistemas municipais de ensino. **Educação & Sociedade**, Campinas, v. 26, n. 93, p. 1363-1390, set./dez. 2005. Disponível em: <https://www.scielo.br/j/es/a/8XQzfhJTpdq6qc6kFDmdxNJ/?format=pdf&lang=pt>. Acesso em: 4 jan. 2023.

   TEIXEIRA, L. H. G. Conselhos municipais de educação: autonomia e democratização do ensino. **Cadernos de Pesquisa**, São Paulo, v. 34, n. 123, p. 691-708, set./dez. 2004. Disponível em: <https://www.scielo.br/j/cp/a/zMkbr6WtMdPf86zyXBKCFMK/?format=pdf&lang=pt>. Acesso em: 4 jan. 2023.

2.

Educação infantil no Brasil

A educação básica brasileira é composta de educação infantil, ensino fundamental e ensino médio. Neste capítulo, trataremos da educação infantil, a primeira etapa da educação básica, que é dividida em creche, destinada a crianças de 0 a 3 anos, e pré-escola, para crianças de 4 e 5 anos. Para tanto, apresentaremos algumas ideias importantes da área, como a concepção de *educação infantil*, os princípios do educar e do brincar como fundamentos organizadores do trabalho pedagógico e o entendimento dos termos *creche* e *pré-escola*. Também trataremos de algumas das principais normas norteadoras do ensino nessa primeira etapa da educação básica, entre elas a Constituição Federal de 1988 (Brasil, 1988), a Lei de Diretrizes e Bases da Educação Nacional (LDBEN), as Diretrizes Curriculares Nacionais para a Educação Infantil (DCNEI), o Plano Nacional de Educação (PNE) e a Base Nacional Comum Curricular (BNCC).

2.1
Concepção de educação infantil

A educação infantil no Brasil teve um desenvolvimento histórico bastante lento e, até o presente, não atende a toda a demanda de crianças na faixa etária entre 0 e 5 anos de idade. De acordo com Corrêa (2007, p. 14), "a expressão 'educação infantil' no Brasil de hoje diz respeito ao atendimento, em instituições coletivas, da criança de 0 a 5 anos de idade; mas nem sempre foi assim e, ademais, a ideia não é tão simples quanto possa parecer". E por que não se trata de uma ideia simples dar atendimento educacional para crianças pequenas? Historicamente, o atendimento a essa faixa etária não foi um papel atribuído ao setor educacional, mas nasceu vinculado predominantemente ao setor de assistência social, apresentando, portanto, características muito mais assistencialistas do que pedagógicas.

> *Como em muitos países, o atendimento à infância no Brasil teve seu início marcado pela ideia de "assistência" ou "amparo" aos pobres e "necessitados", daí as creches, por exemplo, terem estado por tanto tempo vinculadas a associações filantrópicas ou aos órgãos de assistência e bem-estar social, e não aos órgãos educacionais nas diferentes esferas administrativas do país.* (Corrêa, 2007, p. 15)

O início da educação infantil no Brasil, vinculado à área da assistência social, de cunho, por vezes, filantrópico, atrasou consideravelmente a preocupação com políticas educacionais na área. Até a atualidade, não atendemos na rede pública 100% da demanda dessa faixa etária: "a análise da educação infantil no Brasil evidencia uma negligência histórica das políticas públicas em relação à infância. Em pleno século XXI, o país permanece com baixos índices de atendimento das crianças entre 0 e 5 anos de idade" (Bruel, 2010, p. 138).

Apenas por volta dos anos 1980 é que se fortaleceu a discussão a respeito do papel pedagógico das escolas que atendem crianças pequenas, como descreve Corrêa (2007, p. 17):

> *O final dos anos 1970 e os anos 1980 também foram marcados pela forte discussão acerca do papel das instituições de educação infantil: o meio acadêmico fez severas críticas às teorias de privação cultural e ao caráter compensatório – ou preparatório – que a pré-escola teria e os movimentos organizados da sociedade civil, bem como os profissionais da área, passaram a defender o que entendiam ser um caráter "educacional ou pedagógico" para as instituições, contrapondo-se ao que então se via como meramente "assistencial", tanto nas creches quanto nas pré-escolas públicas.*

A necessidade de atendimento às crianças pequenas por meio de instituições educacionais está relacionada ao crescimento dos centros urbanos nas cidades e ao processo de inserção das mães no mercado de trabalho em razão do processo de industrialização. O atendimento a essa necessidade tem vindo, por um lado, em resposta às pressões da população e, por outro, pelo próprio desenvolvimento da sociedade capitalista. Ocorre que nem sempre se pensou para além do cuidado com crianças, ou seja, nem sempre foram colocadas em primeiro plano as possibilidades de trabalho pedagógico a serem desenvolvidas com crianças pequenas – bastava alguém que ficasse com elas, trocasse suas fraldas, as alimentasse e as colocasse para dormir. E educar? Não é à toa que a palavra *creche*, terminologia para representar o local onde se atendem hoje crianças de 0 a 3 anos, vem da palavra *manjedoura*, de origem francesa (*crèche*), no sentido de guardar ou abrigar crianças pequenas (Aguiar, 2001). Ainda há um longo caminho a percorrer no sentido de se desvencilhar do entendimento assistencialista que permeia a educação de crianças dessa faixa etária.

> *A visão assistencialista, porém, se tornou popular e é difícil de ser superada, porque a creche tem sido objetivo de todos os tipos de discriminação por não ser ainda reconhecida – de fato por muitos– como um espaço legítimo de educação e desenvolvimento da criança pequena. Essa superação do papel da creche ocorrerá à medida [...] que, entre outros fatores, também se conceba a creche como um dos contextos de desenvolvimento da criança, pois além de prestar cuidados físicos, ela pode possibilitar o seu desenvolvimento cognitivo, simbólico, social e emocional.* (Aguiar, 2001, p. 34)

No caso do Brasil, somente com o advento da Constituição Federal de 1988 (Brasil, 1988) é que a educação infantil deixou de ser entendida apenas como um direito da mãe que trabalha fora, dos pais ou responsáveis, e passou a ser compreendida como um direito subjetivo da criança, o qual deve ser garantido em sua plenitude, permitindo que se desenvolva integralmente.

Importante!

O trabalho pedagógico a ser realizado na educação infantil deve ser intencional e planejado tanto quanto nas demais etapas de ensino.

Com base nas considerações apresentadas, é necessário conhecer a **legislação educacional** que norteia a organização e o funcionamento da educação infantil no Brasil na atualidade.

> *No atual cenário da educação infantil no Brasil, destaca-se que os marcos legais estão postos e sua divulgação e adoção encontram-se em andamento, ainda que de forma desigual nos diversos contextos do país. Apesar das grandes diferenças regionais que caracterizam a realidade social brasileira, observam-se, no entanto, alguns padrões comuns registrados nas pesquisas, que indicam a persistência de modelos de atendimento para creches e pré-escolas ainda bastante resistentes à introdução das mudanças definidas na nova legislação.* (Campos; Füllgraf; Wiggers, 2006, p. 117)

É nessa direção que continuamos nossa discussão, trazendo aspectos relevantes no campo da legislação educacional e destacando documentos que deveriam orientar as práticas pedagógicas realizadas na educação infantil.

2.2
Educação infantil e principais documentos e leis que a norteiam

A educação infantil nem sempre foi destaque na área de legislação educacional e ainda tem um longo percurso até que se concretize a garantia de que todas as crianças nessa faixa etária possam ter acesso a uma educação de qualidade. Podemos dizer que a

> *educação infantil ganhou destaque nas políticas públicas brasileiras sendo reconhecida formalmente como a primeira etapa da educação básica na Constituição Federal de 1988, no Estatuto da Criança e do adolescente (ECA) de 1990, na Lei de Diretrizes e Bases da Educação (LDB) de 1996, entre outros documentos e normas.* (Barbosa et al., 2014, p. 506)

O aspecto mais importante destacado pela Constituição Federal (Brasil, 1988) com relação à educação infantil está em seu art. 208, inciso IV:

> *Art. 208. O dever do Estado com a educação será efetivado mediante a garantia de:*
>
> *[...]*
>
> *IV – educação infantil, em creche e pré-escola, às crianças até 5 (cinco) anos de idade; (Redação dada pela Emenda Constitucional n. 53, de 2006)*

Embora tenha mantido os termos *creche* e *pré-escola*, o que levou a muitos questionamentos por parte de estudiosos da área na época, a Constituição Federal não deixou de representar um avanço ao garantir essa atribuição ao Poder Público, assegurando, portanto, um direito para a população.

É importante destacar a alteração proposta ao texto constitucional com a Emenda Constitucional n. 59, de 11 de novembro de 2009 (Brasil, 2009a), que apresenta a ampliação da obrigatoriedade da educação básica, anteriormente restrita ao ensino fundamental: "A obrigatoriedade da matrícula, com a publicação dessa emenda, tem início aos 4 anos de idade, impondo que o Poder Público garanta vaga em instituições educativas para todas as crianças a partir dessa idade" (Bruel, 2010, p. 133).

Assim, a partir de 4 anos de idade, a educação infantil é obrigatória, ou seja, na etapa da pré-escola, todas as crianças devem ter garantido seu direito de frequentar o espaço educativo escolar, considerado, a partir da Emenda Constitucional n. 59/2009, um direito constitucional, e é papel do Estado garantir sua efetivação. Bruel (2010, p. 133) destaca que: "Essa é uma decisão importante para o aumento da escolarização da população brasileira, pois, historicamente, a ampliação do acesso à educação se realizou como consequência do estabelecimento da obrigatoriedade".

Além do que prevê a Constituição Federal a respeito da educação infantil, é preciso destacar também o posicionamento da Lei de Diretrizes e Bases da Educação Nacional (LDBEN) – Lei n. 9.394, de 20 de dezembro de 1996 (Brasil, 1996a):

> *Como vários autores e estudiosos da área vêm ressaltando desde a sua promulgação, o que a LDB traz de essencialmente importante para a educação infantil é o fato de tê-la incorporado como a primeira etapa da "educação básica nacional", que além da educação infantil também é composta pelo ensino fundamental e pelo ensino médio. O que significa dizer que a partir daí a educação infantil passa a fazer parte dos sistemas, das estruturas regulares de ensino, trazendo como consequências para estes não apenas o seu efetivo oferecimento – o que a CF 88 já determinava ao*

colocar a educação infantil como um dever do Estado –, mas também a sua normatização e a sua fiscalização. (Corrêa, 2007, p. 25)

Portanto, a LDBEN estabelece a utilização da terminologia ***educação infantil*** e traz avanços importantes ao incorporá-la como primeira etapa da educação básica, o que lhe permite fazer parte dos sistemas e das estruturas regulares de ensino. Esse foi um grande avanço, que trouxe consequências para a inserção da educação infantil no plano das políticas educacionais e também no tocante à necessidade de discutir seu financiamento, propondo metas e estratégias para alcançar os objetivos para seu desenvolvimento. Vejamos a seguir o que diz a LDBEN a respeito das finalidades e da organização da educação infantil, nos art. 29 e 31:

> *Art. 29 – A educação infantil, primeira etapa da educação básica, tem como finalidade o desenvolvimento integral da criança de até 5 (cinco) anos, em seus aspectos físico, psicológico, intelectual e social, complementando a ação da família e da comunidade.*
>
> *[...]*
>
> *Art. 31 – A educação infantil será organizada de acordo com as seguintes regras comuns:*
>
> *avaliação mediante acompanhamento e registro do desenvolvimento das crianças, sem o objetivo de promoção, mesmo para o acesso ao ensino fundamental;*
>
> *carga horária mínima anual de 800 (oitocentas) horas, distribuída por um mínimo de 200 (duzentos) dias de trabalho educacional;*
>
> *atendimento à criança de, no mínimo, 4 (quatro) horas diárias para o turno parcial e de 7 (sete) horas para a jornada integral;*

controle de frequência pela instituição de educação pré-escolar, exigida a frequência mínima de 60% (sessenta por cento) do total de horas;

expedição de documentação que permita atestar os processos de desenvolvimento e aprendizagem da criança. (Brasil, 1996a)

O desenvolvimento global da criança é um aspecto que merece destaque no texto da LDBEN. A criança pequena está em desenvolvimento constante e precisa de cuidados e atenção de modo a potencializá-lo. Para tanto, é necessário que o professor esteja atento aos aspectos físicos, afetivos e emocionais dos alunos, pois somente assim o trabalho pedagógico poderá alcançar seus objetivos. Isso exige um constante aprimoramento na formação dos profissionais que trabalham com essa faixa etária.

Os dispositivos da LDBEN determinam que a oferta da educação infantil em creches e pré-escolas é de responsabilidade dos municípios. Entretanto, tendo em vista que estabelece o ensino fundamental como nível de atuação prioritário para essa instância de governo, a educação infantil não é considerada prioridade para nenhuma das esferas governamentais. Ressaltando o caráter de regime de colaboração entre as diferentes esferas governamentais, Bruel (2010, p. 132) destaca:

Embora a LDBEN não assuma explicitamente essa ideia em relação à oferta de educação infantil, é importante ressaltar que a atuação do poder público deve se realizar em regime de colaboração entre as três esferas: municipal, estadual e federal, tal como define o art. 30 da CF de 1988, na redação conferida pela EC n. 53/2006. Dessa forma, ainda que a responsabilidade pela oferta seja dos municípios, isto não significa que os demais entes federados não sejam corresponsáveis e coadjuvantes nesse processo.

Após a promulgação da LDBEN, uma das primeiras ações do governo foi instituir o **Referencial Curricular Nacional da Educação Infantil (RCNEI)**. O documento, do mesmo modo que os PCNs para o Ensino Fundamental, foi bastante questionado pela comunidade acadêmica, por entidades representativas da área e por estudiosos e pesquisadores do campo da educação, visto ter sido elaborado por um grupo de especialistas contratados pelo Ministério da Educação (MEC), sem considerar as demandas da realidade educacional brasileira, e divulgado e distribuído amplamente por todo o país, como se fosse um manual. Corrêa (2007, p.27) destaca que o documento apresenta

> *pretenso caráter modelar, na medida em que ele não seria "uma" referência curricular de apoio aos educadores infantis, mas uma verdadeira "receita", um manual passo a passo para ser seguido na íntegra, em flagrante desrespeito tanto à CF 88 quanto à LDB, que preveem, entre outros princípios, o "pluralismo de ideias e de concepções pedagógicas". A outra grande crítica se refere ao seu formato fragmentado e escolarizante, pois, da forma como o documento apresenta as áreas de conhecimento, é possível supor, por exemplo, que o que se deseja é que os educadores orientem suas ações, mesmo com os bebês nas creches, para que estes já tenham acesso aos conhecimentos "sistematizados" e possam "formular hipóteses" sobre a língua escrita, a matemática etc.*

Além da legislação já apresentada a respeito da educação infantil, outro documento muito importante que norteia a organização dessa etapa da educação básica no que se refere à questão curricular são as DCNEI. A primeira versão foi elaborada em 1998 (Parecer CEB/CNE n. 22/1998) e, em 2009, houve a reformulação desse documento pelo Parecer CNE/CEB n. 20/2009, que estabelece a "Revisão das Diretrizes Curriculares Nacionais para a

Educação Infantil", fixada pela Resolução n. 5, de 17 de dezembro de 2009 (Brasil, 2009d). Em ambas as versões das DCNEI são destacados os conceitos de *cuidar* e *educar*, conforme afirma Bruel (2010, p. 139):

> *Uma das questões importantes, presente tanto no parecer de 1998 quanto no de 2009, refere-se à necessária articulação entre os princípios de cuidar e educar, que devem sustentar todos os projetos político-pedagógicos das instituições de educação infantil. A defesa de uma perspectiva pedagógica, que se fortaleça em um trabalho eminentemente educativo, não pode se realizar em detrimento das atividades essenciais de cuidado e atendimento das crianças de 0 a 5 anos de idade.*

Ao enfatizar os princípios de *educar* e *cuidar*, o documento recomenda que se dê a devida atenção aos aspectos físicos, biológicos e afetivos da criança dessa faixa etária, sem abrir mão da intencionalidade pedagógica própria do ato educativo em qualquer nível de ensino, levando em consideração os conhecimentos a serem desenvolvidos nos diferentes campos do saber – os quais podem contribuir para ampliar sua compreensão sobre si mesma e do contexto em que está inserida.

Ademais, Bruel (2010) indica a necessidade de considerar a questão da metodologia no que diz respeito ao trabalho pedagógico a ser realizado na educação infantil, que deve ter por base o jogo e a brincadeira, pois a criança dessa faixa etária aprende e se desenvolve de maneira lúdica. "Aos princípios de educar e cuidar soma-se a compreensão do jogo e da brincadeira como metodologia por excelência do trabalho a ser realizado com as crianças nesta etapa da educação básica" (Bruel, 2010, p. 139).

Mais recentemente na área da legislação educacional e das políticas educacionais voltadas para a educação pública, cabe considerar o PNE – Lei n. 13.005, de 25 de junho de 2014 (Brasil, 2014a). Em sua meta número 1, o documento enfatiza:

> *Universalizar, até 2016, a educação infantil na pré-escola para as crianças de 4 (quatro) a 5 (cinco) anos de idade e ampliar a oferta de educação infantil em creches, de forma a atender, no mínimo, 50% (cinquenta por cento) das crianças de até 3 (três) anos até o final da vigência deste PNE.* (Brasil, 2014a)

De acordo com Campos, Esposito e Gimenes (2014), o PNE aprovado em 2014 repetiu para a faixa etária de 0 a 3 anos e 11 meses a mesma meta fixada em 2001 pelo plano decenal anterior, que deveria ter sido atingida em 2011: o atendimento em creche de 50% das crianças nesse intervalo de idade. Os autores destacam um problema nessa questão, já que nem em 2001, nem em 2012, foi divulgado diagnóstico da cobertura em creche que fundamentasse a adoção dessa percentagem de 50% como meta viável nos prazos que foram definidos. Além disso, no caso do PNE atual, não foi divulgada uma avaliação oficial dos motivos de não ter sido atingida a meta intermediária fixada para os primeiros cinco anos do plano de 2001, de 30% de atendimento em creche. Fica a dúvida: Como atingir agora esse percentual, se não foi atingido o definido anteriormente?

Campos, Esposito e Gimenes (2014) também ressaltam a preocupação em se levar em conta as diferenças regionais, que, com certeza, ocasionam diferenças no que diz respeito à demanda por atendimento das crianças nessa faixa etária:

Se nos basearmos em dados como porcentagem de mulheres mães de crianças pequenas que trabalham, porcentagem de crianças em situação de risco ou vulnerabilidade, estrutura das famílias, realidade socioeconômica e cultural por regiões, áreas urbanas e rurais, entre outros indicadores, podemos prever que a demanda potencial e manifesta por atendimento em creche deve variar bastante de um contexto a outro. (Campos; Esposito; Gimenes, 2014, p. 333)

É certo que as desigualdades sociais do país, em suas dimensões continentais, colaboram para que, mesmo com a manutenção da tendência de ampliação do acesso à educação infantil no que se refere ao atendimento dessa faixa etária na creche, tal desigualdade permaneça.

Atualmente, a educação infantil é parte integrante da legislação educacional, incluída em muitas políticas públicas nos âmbitos federal, estadual e municipal, e o PNE pode ser considerado fundamental para o processo de ampliação do atendimento das crianças nessa faixa etária.

O PNE tem vigência definida para dez anos e é muito importante para estabelecer os caminhos no campo das políticas educacionais, "podendo contribuir no processo de efetivação da educação como política de Estado e na superação de marcas históricas da provisoriedade das políticas emergenciais que caracterizaram – e caracterizam – as proposições para a educação das crianças menores de seis anos no Brasil" (Barbosa et al., 2014, p. 506).

A superação das marcas da provisoriedade e da falta de continuidade entre as gestões governamentais, em todos os âmbitos de governo, parece ser uma das maiores contribuições do PNE.

Por esse motivo, educadores e a sociedade como um todo devem ter conhecimento de suas metas para poder exigir sua efetivação. Como temos procurado demonstrar por meio dos autores citados, esse plano pode contribuir substancialmente para a educação pública brasileira e, em específico, para a área da educação infantil no Brasil. Nesse sentido, a ampliação do acesso e a universalização são pontos fundamentais no que se refere à educação infantil.

> *A proposição central para a educação infantil no PNE 2014, expressa na meta 1, refere-se à ampliação do acesso; por meio da universalização da pré-escola e da expansão do atendimento em creches para no mínimo 50% das crianças de até três anos. A ampliação do acesso é condição indispensável para a conquista da qualidade na educação infantil e para a garantia ao direito subjetivo à educação.* (Barbosa et al., 2014, p. 510)

Além disso, a "meta de universalização da pré-escola, por sua vez, apenas reafirma a Emenda Constitucional n. 59, de 2009, que determina a obrigatoriedade de matrícula na educação básica na faixa etária de 4 a 17 anos, a ser alcançada até o ano de 2016" (Barbosa et al., 2014, p. 510).

O campo da formação de professores para a educação infantil é outro ponto de tensão e de muito debate na atualidade no que se refere à exigência da formação inicial em nível superior. A LDBEN indica que a formação de professores para atuar na educação infantil e nos anos iniciais do ensino fundamental deve ocorrer em nível superior, mas ainda admite a formação em nível médio.

Nesse cenário, a definição posta no PNE 2014 reafirma a formação em nível superior, o que permite lutar pelo direito à formação inicial e continuada de todos os profissionais envolvidos na educação da criança de 0 a 6 anos. Porém, ao utilizar a terminologia "profissionais da educação infantil", não destaca a figura do professor, o que é extremamente necessário frente à situação histórica de leigos atuando nesta etapa. (Barbosa et al., 2014, p. 514)

Devem ser consideradas novamente as especificidades regionais em um país tão grande e tão desigual no que tange às condições sociais e econômicas. Por mais que o objetivo seja a formação de todos os professores em nível superior nos cursos de pedagogia, especificamente no que diz respeito à educação infantil, é preciso considerar a grande demanda por professores no Brasil e a dificuldade de acesso ao ensino superior, que, em termos de educação pública, ainda não atende todos aqueles que desejam essa qualificação. Portanto, ainda se faz necessária, de fato, a formação de professores no nível médio, quadro que precisa ser superado futuramente com investimento na formação e na valorização dos docentes que trabalham com crianças pequenas.

Ao final desta seção ressaltamos também a BNCC (Brasil, 2022a), que traz importantes e específicas orientações para a Educação Infantil, primeira etapa da educação básica. Nessa etapa, são indicados dois eixos estruturantes: as interações e a brincadeira. Com base nesses eixos, devem ser assegurados seis direitos de aprendizagem e desenvolvimento: conviver, brincar, participar, explorar, expressar e conhecer-se.

Figura 2.1 – Competências gerais da educação básica

Ao longo da Educação Básica – na Educação Infantil, no Ensino Fundamental e no Ensino Médio –, os alunos devem desenvolver as dez **competências gerais da Educação Básica**, que pretendem assegurar, como resultado do seu processo de aprendizagem e desenvolvimento, uma formação humana integral que vise à construção de uma sociedade justa, democrática e inclusiva.

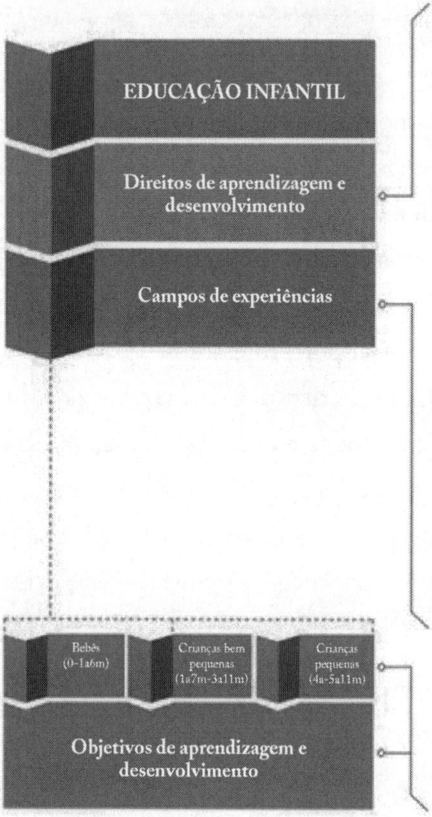

Na primeira etapa da Educação Básica, e de acordo com os eixos estruturantes da Educação Infantil (interações e brincadeira), devem ser assegurados seis **direitos de aprendizagem e desenvolvimento**, para que as crianças tenham condições de aprender e se desenvolver.

- Conviver
- Brincar
- Participar
- Explorar
- Expressar
- Conhecer-se

Considerando os direitos de aprendizagem e desenvolvimento, a BNCC estabelece cinco **campos de experiências**, nos quais as crianças podem aprender e se desenvolver.

- O eu, o outro e o nós
- Corpo, gestos e movimentos
- Traços, sons, cores e formas
- Escuta, fala, pensamento e imaginação
- Espaços, tempos, quantidades, relações e transformações

Em cada campo de experiências, são definidos **objetivos de aprendizagem e desenvolvimento** organizados em três **grupos por faixa etária**.

Fonte: Brasil, 2022a, p. 25, grifo do original.

A partir da consideração desses direitos de aprendizagem são destacados cinco campos de experiência, por meio dos quais a criança deverá ter oportunidades para se desenvolver e aprender. São eles:

1. o eu, o outro e o nós (EO);
2. corpo, gestos e movimentos (CG);
3. traços, sons, cores e formas (TS);
4. escuta, fala, pensamento e imaginação (EF);
5. espaços, tempos, quantidades, relações e transformações (ET).

Tais campos de experiência e os objetivos de aprendizagem e desenvolvimento são definidos considerando-se três diferentes grupos por faixas etárias: (1) bebês – de 0 a 1 ano e 6 meses; (2) crianças bem pequenas – de 1 ano e 7 meses a 3 anos e 11 meses; e (3) crianças pequenas – de 4 anos a 5 anos e 11 meses. O documento apresenta para cada campo de experiência os objetivos de aprendizagem e desenvolvimento de acordo com esses grupos de faixa etária, conforme é exemplificado no Quadro 2.1.

Quadro 2.1 – Campo de experiências "traços, sons, cores e formas"

Objetivos de aprendizagem e desenvolvimento		
Bebês (zero a 1 ano e 6 meses)	Crianças bem pequenas (1 ano e 7 meses a 3 anos e 11 meses)	Crianças pequenas (4 anos a 5 anos e 11 meses)
(EI01TS01) Explorar sons produzidos com o próprio corpo e com objetos do ambiente.	(EI02TS01) Criar sons com materiais, objetos e instrumentos musicais, para acompanhar diversos ritmos de música.	(EI03TS01) Utilizar sons produzidos por materiais, objetos e instrumentos musicais durante brincadeiras de faz de conta, encenações, criações musicais, festas.

Fonte: Brasil, 2022a, p. 26.

O documento ressalta que cada objetivo de aprendizagem é identificado com um código alfanumérico. Por exemplo: EIO2TS01 significa: EI (educação infantil); 02 (o grupo da faixa etária – no caso 02, crianças bem pequenas); TS (o campo de experiência – traços, sons, cores e formas); 01 (a posição da habilidade na numeração sequencial, em cada campo de experiência de cada grupo de faixa etária). Destaca-se no documento "que a numeração sequencial dos códigos alfanuméricos não sugere ordem ou hierarquia entre os objetivos de aprendizagem e desenvolvimento" (Brasil, 2022a, p. 26).

No item 3 da BNCC, intitulado "A etapa da Educação Infantil", é apresentado um histórico a respeito da educação infantil no contexto brasileiro e é resgatada a fundamentação nas DCNEI (Resolução CNE/CEB n. 5/2009). Confira no boxe a seguir o que constitui cada um dos direitos de aprendizagem indicados pela BNCC para essa etapa.

Direitos de aprendizagem e desenvolvimento na educação infantil

• **Conviver** com outras crianças e adultos, em pequenos e grandes grupos, utilizando diferentes linguagens, ampliando o conhecimento de si e do outro, o respeito em relação à cultura e às diferenças entre as pessoas.

• **Brincar** cotidianamente de diversas formas, em diferentes espaços e tempos, com diferentes parceiros (crianças e adultos), ampliando e diversificando seu acesso a produções culturais, seus conhecimentos, sua imaginação, sua criatividade, suas experiências emocionais, corporais, sensoriais, expressivas, cognitivas, sociais e relacionais.

• **Participar** ativamente, com adultos e outras crianças, tanto do planejamento da gestão da escola e das atividades propostas pelo educador quanto da realização das atividades da vida cotidiana, tais como a escolha das brincadeiras, dos materiais e dos ambientes, desenvolvendo diferentes linguagens e elaborando conhecimentos, decidindo e se posicionando.

• **Explorar** movimentos, gestos, sons, formas, texturas, cores, palavras, emoções, transformações, relacionamentos, histórias, objetos, elementos da natureza, na escola e fora dela, ampliando seus saberes sobre a cultura, em suas diversas modalidades: as artes, a escrita, a ciência e a tecnologia.

• **Expressar**, como sujeito dialógico, criativo e sensível, suas necessidades, emoções, sentimentos, dúvidas, hipóteses, descobertas, opiniões, questionamentos, por meio de diferentes linguagens.

• **Conhecer-se** e construir sua identidade pessoal, social e cultural, constituindo uma imagem positiva de si e de seus grupos de pertencimento, nas diversas experiências de cuidados, interações, brincadeiras e linguagens vivenciadas na instituição escolar e em seu contexto familiar e comunitário.

Fonte: Brasil, 2022a, p. 38, grifo do original.

É importante considerar que esses direitos/objetivos de aprendizagem para essa etapa de ensino da educação básica precisam ser de conhecimento de todos os profissionais (professores e pedagogos que irão trabalhar com a faixa etária em questão). Por isso, os itens citados devem ser considerados no processo formativo inicial e continuado desses profissionais, bem como na organização das propostas pedagógicas dos Centros de Educação Infantil, das redes públicas e privadas. A intencionalidade da prática pedagógica é destaque na BNCC e pode ser compreendida da seguinte forma:

> *Essa intencionalidade consiste na organização e proposição, pelo educador, de experiências que permitam às crianças conhecer a si e ao outro e de conhecer e compreender as relações com a natureza, com a cultura e com a produção científica, que se traduzem nas práticas de cuidados pessoais (alimentar-se, vestir-se, higienizar-se), nas brincadeiras, nas experimentações com materiais variados, na aproximação com a literatura e no encontro com as pessoas.* (Brasil, 2022a, p. 39)

Para quem tiver interesse em conhecer de maneira mais aprofundada a BNCC para a educação infantil, o documento apresenta uma explicação sobre os campos de experiência (item 3.1), os objetivos de aprendizagem e desenvolvimento por faixa etária (item 3.2) e aspectos relacionados à transição da educação infantil para o ensino fundamental (item 3.3).

Consideramos que é muito importante que futuros professores e pedagogos que pretendem atuar no campo da educação infantil tenham ciência da BNCC, pois trata-se de um documento que estabelece as normas que devem ser seguidas pelas instituições para organizar as práticas pedagógicas nessa área.

2.3
Políticas educacionais e educação infantil

São necessários esforços governamentais para implementar políticas educacionais que busquem promover uma educação pública de qualidade. Para tanto, o compromisso com a efetivação das leis estabelecidas e o controle social via participação da sociedade civil organizada são essenciais. Por meio dos pontos levantados até o momento, é possível perceber que vários avanços já ocorreram no que diz respeito à educação infantil no Brasil, mas ainda há muito para avançar, especialmente no campo das políticas educacionais específicas da área.

> *Considerar a educação infantil como primeira etapa da educação básica representou um avanço para a educação pública brasileira. Porém não se garantiram ainda todas as condições de exercício dos direitos sociais plenos das crianças e de*

suas famílias, já que enquanto prática social a educação reflete e abrange a luta entre diferentes grupos e classes sociais. (Campos; Esposito; Gimenes, 2014, p. 506)

Apresentaremos, agora, alguns pontos das políticas educacionais voltadas à educação infantil. Iniciaremos com a análise do relatório "Política de educação infantil no Brasil: relatório de avaliação" do MEC (Brasil, 2009e), no qual, do ponto de vista oficial, são abordados os seguintes aspectos: acesso, qualidade e investimento.

Em relação ao **acesso**, o relatório do MEC aponta que o índice de matrículas na educação infantil está aumentando no Brasil, principalmente nas regiões mais pobres, mas a qualidade do serviço varia de acordo com as diferentes regiões. Constata-se que as crianças que vivem em áreas rurais têm menos possibilidade de acesso à educação infantil: "regiões mais pobres têm menos possibilidades de contratar professores qualificados, menos possibilidades de terem equipamentos e materiais adequados e estão mais sujeitas a funcionar com uma carga horária menor" (Brasil, 2009e, p. 25).

No que tange à **qualidade**, o relatório indica que o cumprimento das leis que regulamentam a educação infantil continua problemático, visto que "nem todos os serviços de educação infantil foram integrados ao sistema educacional brasileiro e reconhecidos como instituições educativas" (Brasil, 2009e, p. 25). De modo geral, o nível de qualificação dos professores está melhorando, mas ainda existe carência de formação especializada. O problema da qualidade é considerado mais grave nas creches: "O maior desafio é transformá-las em instituições educacionais, um processo que se encontra estagnado. Conflitos setoriais, limites à capacidade dos municípios e falta de recursos financeiros são considerados fatores que contribuem para tal situação" (Brasil, 2009e, p. 26).

Quanto ao **investimento** em educação infantil no Brasil, o relatório apresenta um dado preocupante: tem diminuído em relação aos outros níveis de ensino. Nesse sentido, consideramos que há a necessidade de mais investimentos para que seja possível cumprir as metas do PNE. De acordo com o relatório, "para enfrentar os problemas de financiamento, é essencial aumentar os recursos do governo federal" (Brasil, 2009e, p. 26).

Aqui cabe uma ressalva em nossa análise, visto que, após a aprovação da Emenda Constitucional n. 108, de 27 de agosto de 2020 (Brasil, 2020a), e da Lei n. 14.113, de 25 de dezembro de 2020 (Brasil, 2020b), tornou-se imprescindível acompanhar se realmente a nova política referente aos fundos, em específico ao Fundo de Manutenção e Desenvolvimento da Educação Básica e de Valorização dos Profissionais da Educação (Fundeb), será efetivada nos próximos anos, permitindo, assim, a ampliação dos recursos financeiros para a educação básica a partir de 1º de janeiro de 2021.

A questão do investimento na educação infantil nos leva à necessária discussão sobre o acompanhamento das políticas públicas desde sua proposição até sua execução e avaliação. É esse o norte apresentado por Corrêa (2007, p. 30) quando afirma que "o embate para que a educação pública em nosso país seja de fato um direito, incluindo a educação infantil, passa entre outras coisas, pela discussão e pelo acompanhamento das fontes de financiamento e das formas de sua utilização". Sobre o tema, e também ressaltando a importância do financiamento da educação, Bruel (2010, p. 134) ressalta:

> *Apresenta-se, agora, o desafio de ampliação das vagas para atender à demanda do universo da população com mais de 4 anos de idade. Isso exige compromisso político tanto no*

investimento para a ampliação do atendimento quanto no estabelecimento do regime de colaboração entre as esferas do poder público a fim de garantir as condições necessárias para o acesso, a permanência e a conclusão, com qualidade social, em todas as etapas da educação básica.

Um ponto central e grande desafio é ainda a questão da obrigatoriedade, que até então só é legalmente garantida a partir dos 4 anos de idade. Isso significa que,

> *apesar de ser parte da educação básica, a educação infantil é obrigatória apenas a partir de 4 anos de idade e não precisa seguir as regras de organização (tanto em relação às normas curriculares quanto às administrativas) estabelecidas para os demais níveis de ensino. Assim, embora seja parte da educação básica, a educação infantil, reiteradas vezes, não é tratada como tal.* (Bruel, 2010, p. 136)

Outro ponto importante no campo das políticas educacionais em educação infantil é a **formação dos professores**. Por muito tempo, o trabalho com crianças pequenas foi desempenhado por pessoas leigas e sem a formação adequada para desenvolver um processo pedagógico de qualidade destinado à faixa etária em questão. Era comum relacionar a educação infantil apenas com a tarefa de cuidar de crianças ou brincar com elas, sem que houvesse qualquer finalidade pedagógica. Isso se deve, em parte, ao histórico do magistério, que, em suas origens, relacionava o trabalho com crianças pequenas ao instinto maternal, à continuidade das tarefas já desenvolvidas pelas mulheres no contexto familiar. Daí o costume de chamar a professora de crianças pequenas de *tia* – para ser tia, não seria necessário muito mais do que afeto e amor, ficando em segundo plano o caráter científico da profissão, que exige conhecimento e intencionalidade em seu desempenho.

Também cabe lembrar que, em muitas localidades, historicamente, quem trabalha com a educação infantil tem ou teve o título de *educador*, e não de *professor*. Portanto, somando-se a questão do histórico do magistério, que leva mais em conta o cuidado maternal, à escassez de políticas públicas, de fato, voltadas a uma formação de professores sólida e de qualidade, teórica e metodologicamente, também para a educação infantil, temos, ainda hoje, um déficit na área.

> *Com a recente absorção das creches aos sistemas educacionais, ainda em processo, há a exigência legal de formação dessas educadoras. Diversas estratégias vêm sendo utilizadas para enfrentar esse desafio: organização de cursos supletivos para as educadoras leigas que já trabalham nas creches; substituição desses adultos por professores formados em cursos de magistério; utilização de duplas de adultos em cada turma de crianças, compostas por uma professora e uma auxiliar, e assim por diante (ver Yamaguti, 2001, Vieira, 1999). Tendencialmente, observa-se maior exigência de formação para as turmas de crianças nas faixas mais próximas de sete anos e menor exigência para as crianças menores.* (Campos; Füllgraf; Wiggers, 2006, p. 101)

Assim, é preciso discutir seriamente a formação inicial e continuada dos professores que atuam na educação infantil, o que significa rever os termos dos currículos dos cursos, a metodologia e a qualidade na formação inicial, bem como o tempo destinado aos estágios e às práticas formativas. Além disso, é necessário discutir algo ainda hoje bastante polêmico: o lócus dessa formação – se deve ocorrer nos cursos de formação de docentes em nível médio ou no curso de graduação em Pedagogia, no nível superior. Esse debate extrapola os limites deste livro, mas apontamos aqui a necessidade de realizá-lo com profundidade.

A respeito da formação de professores,

> *parece que já existe uma consciência bastante disseminada de que a oferta existente, tanto no nível do ensino secundário – o curso de magistério – quanto no ensino superior – o curso de pedagogia –, não responde às necessidades de qualificação requeridas para a atuação em creches e pré-escolas. Assim, os desafios encontram-se não só no fato de ainda existirem muitos educadores sem a formação e escolaridade mínima exigidas pela nova legislação, como também na inadequação dos cursos existentes às necessidades de formação para a educação infantil [...].* (Campos; Füllgraf; Wiggers, 2006, p. 118)

Para encerrar esta discussão a respeito das políticas educacionais desenvolvidas na atualidade no campo da educação infantil, apresentamos um programa do Governo federal vinculado ao Fundo Nacional de Desenvolvimento da Educação (FNDE), o Proinfância, com o objetivo de exemplificar o desenvolvimento de ações nesse campo da educação básica.

O programa **Proinfância** é uma ação do FNDE no campo da infraestrutura educacional que presta assistência técnica e transfere recursos financeiros aos municípios e ao Distrito Federal. O destino desses recursos deve ser a construção de creches e a aquisição de equipamentos e mobiliários para a educação infantil. O programa foi instituído pela Resolução n. 6, de 24 de abril de 2007 (Brasil, 2007b), e faz parte das ações do MEC mediante o Plano de Desenvolvimento da Educação (PDE). De acordo com informações do *site* do MEC:

> *Entre 2007 e 2014, o Programa investiu na construção de 2.543 escolas, por meio de convênios e a partir de 2011, com sua inclusão no Plano de Aceleração do Crescimento (PAC2), outras 6.185 unidades de educação infantil foram apoiadas com recursos federais, totalizando 8.728 novas unidades em todo o país.* (Brasil, 2022b)

O Proinfância repassa também recursos para equipar as unidades de educação infantil em fase final de construção, com itens padronizados e adequados ao seu funcionamento. Mais de 2.500 municípios receberam apoio do FNDE para compra de móveis e equipamentos, como mesas, cadeiras, berços, geladeiras, fogões e bebedouros (Brasil, 2016b).

Consideramos que políticas educacionais como o programa citado podem indicar caminhos para o enfrentamento dos problemas da realidade educacional brasileira, que encerra, muitas vezes simultaneamente, positividades e limites, por se tratar de um contexto de contradições e jogos de interesses no seio da sociedade capitalista. São muitas as crianças que ainda não têm acesso à educação infantil, em razão de inúmeros fatores já apresentados, como número insuficiente de vagas nas redes para o atendimento da demanda, distância entre as instituições (creches e pré-escolas) e as casas das famílias e dualidade de tipos de oferta, com instituições que atendem em tempo parcial e outras que atuam em tempo integral – uma dificuldade para os pais que trabalham o dia todo. Todos esses fatores nos levam a refletir sobre a necessária busca por medidas alternativas como o programa Proinfância.

Ricci (2014) realizou um estudo para constatar em que medida o programa é eficaz. A autora chegou à seguinte conclusão:

> *Os resultados deste estudo permitem constatar, por um lado, que a eficácia da implantação desse Programa tem sido comprometida pela escassez da estrutura organizacional. O princípio da liberdade de adesão, paradoxalmente, se transforma numa camisa de força, o que propicia que os municípios continuem executores da União, que controla, com sistemas avaliativos, seu desempenho, ferindo o princípio que gerou a ação.*

Os impactos do Programa nos mostram que o processo de disputa, negociação dos representantes do Estado na responsabilidade pela produção das políticas públicas não foi de todo perdido. O material coletado nos permite constatar conquistas em nível macro – ampliação do investimento financeiro, parceria com a comunidade escolar e com as unidades de saúde e assistência, melhoria na formação dos profissionais e a possibilidade da formação continuada e, também, no plano micro – estruturação de Proposta Pedagógica de acordo com as DCNEIs, entre outras. O Proinfância, em algumas localidades, é a oportunidade do início de novas práticas políticas e pedagógicas, mais afetas às concepções vigentes. Ou seja, a construção de creches e pré-escolas, a partir das características e identidades institucionais, escolhas coletivas e particularidades pedagógicas, sejam o mote para a política de Educação Infantil de qualidade no município. (Ricci, 2014, p. 10-11)

De acordo com a Transparência Brasil (2019), ainda é possível perceber a baixa eficácia do programa com base nas informações obtidas para o relatório da Transparência Brasil entre os anos 2017 e 2019.

Gráfico 2.1 – Comparação da situação das obras ao longo do período de monitoramento (junho/2017 a abril/2019)

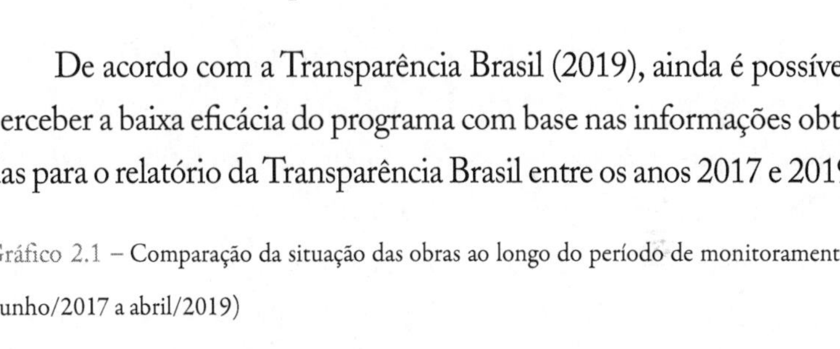

Fonte: Transparência Brasil, 2019, p. 9.

Ainda de acordo com o relatório, apesar da ampliação dos índices iniciais, o programa está longe de atingir as metas do PNE.

> *O Proinfância foi concebido com o objetivo de ampliar o acesso de crianças a creches e escolas, bem como melhorar a infraestrutura física da rede pública de Educação Infantil. Quando foi introduzido, em 2007, a porcentagem de crianças de 0 a 3 anos atendidas por creches no Brasil era de apenas 12%. Segundo dados de 2017, essa cifra chegou a 32,7%, porém ainda está bastante distante da meta prevista no Plano Nacional de Educação (PNE), de 50% até 2024. Para crianças em idade pré-escolar (4 a 5 anos), também atendidas pelas unidades planejadas, o acesso atingiu 91,7% em 2017, frente a 89,4% em 2014. Até 2024, o PNE prevê uma meta de atendimento de 100%.* (Transparência Brasil, 2019, p. 28)

Encerramos este capítulo com a seguinte reflexão: as políticas educacionais desenvolvidas no campo da educação infantil pelas diferentes instâncias governamentais (municípios, estados e Governo federal) nem sempre, por vários motivos, conseguem colocar em prática o que é determinado pela legislação educacional. O financiamento da educação parece ser um ponto central para o enfrentamento dos problemas elencados, e a formação de professores, os prédios, os equipamentos e o mobiliário são aspectos que ainda precisam ser aprimorados se quisermos, de fato, ofertar a primeira etapa da educação básica com a mesma qualidade das demais etapas desse nível de ensino.

Síntese

Neste capítulo, tratamos da educação infantil, primeira etapa da educação básica, voltada ao atendimento de crianças de 0 a

3 anos (creche) e de 4 e 5 anos (pré-escola). Vimos que a legislação educacional indica que, a partir de 2016, a oferta do ensino deve ser obrigatória a partir dos 4 anos de idade para todas as crianças.

Também indicamos as principais normas que regulamentam a organização e o funcionamento da educação infantil no Brasil, procurando analisar os desafios centrais no campo das políticas educacionais para esse nível de ensino, considerando-se os limites impostos pelo contexto da sociedade capitalista, desigual e injusta, bem como as possibilidades de avanço mediante os enfrentamentos necessários.

Por fim, refletimos sobre como a oferta da educação infantil, o acesso a esse nível do ensino, a formação de professores, os prédios, os equipamentos e o mobiliário estão, sem dúvida, relacionados à questão do financiamento educacional. Assim, constatamos que há necessidade de que a população acompanhe e participe da definição e do controle do desenvolvimento das políticas educacionais, cobrando dos governantes ações efetivas que atendam a essa demanda tão importante nos dias atuais.

Indicações culturais

Artigo

SILVA, C. V. M. da; FRANCISCHINI, R. O surgimento da educação infantil na história das políticas públicas para a criança no Brasil. **Práxis Educacional**, Vitória da Conquista, v. 8, n. 12, p. 257-276, jan./jun. 2012. Disponível em: <http://periodicos.uesb.br/index.php/praxis/article/viewFile/746/718>. Acesso em: 4 dez. 2022.

Para saber mais sobre a história das políticas educacionais no campo da educação infantil, sugerimos a leitura do artigo desse artigo de Silva e Francischini.

História em quadrinhos

SOUSA, M. de. **A turma da Mônica em:** o Estatuto da Criança e do Adolescente. Disponível em: <https://crianca.mppr.mp.br/arquivos/File/publi/turma_da_monica/monica_estatuto.pdf>. Acesso em: 8 dez. 2022.

Conheça de maneira lúdica e divertida o Estatuto da Criança e do Adolescente (ECA).

Vídeo

EDUCAÇÃO infantil: cuidar, educar e brincar. **Univesp TV**, 11 mar. 2011. 16 min. Disponível em: <https://www.youtube.com/watch?v=RiFXduOjRUI>. Acesso em: 4 dez. 2022.

Nesse vídeo, as professoras Beatriz Ferraz e Tizuko Morchid, especialistas em educação infantil, analisam situações de cuidado, educação e brincadeira com crianças dessa faixa etária, indicando que a educação está associada a diversas atividades realizadas na educação infantil.

Atividades de autoavaliação

1. A educação infantil abrange o atendimento de crianças de 0 a 5 anos de idade. Essa fase é muito importante para o desenvolvimento infantil em todos os seus aspectos – físico, intelectual, afetivo e social. Cuidar, educar e brincar são os princípios orientadores do trabalho a ser realizado na educação infantil. Analise as proposições a seguir sobre o trabalho pedagógico a ser realizado nessa etapa de ensino.

   I. A educação infantil é lugar de proteção e de cuidados com a saúde, bem como de educação para as crianças pequenas.

II. As instituições que ofertam a educação infantil devem oferecer um espaço assistencialista para as crianças, já que elas não têm esse atendimento completo realizado pelos familiares.

III. O processo educativo na educação infantil visa promover o desenvolvimento integral do aluno nessa faixa etária, ou seja, seu desenvolvimento físico, psicológico, intelectual e social.

IV. O papel da educação infantil é alfabetizar, já muito cedo, todas as crianças que frequentam esse espaço, as quais devem sair dessa fase de ensino lendo e escrevendo corretamente.

Agora, assinale a alternativa que indica as afirmações corretas:

a) I e II.
b) I e III.
c) II e III.
d) II e IV.

2. Analise as proposições a seguir sobre a educação infantil, primeira etapa da educação básica.

I. A educação infantil brasileira, na atualidade, diz respeito ao atendimento, em instituições educativas, da criança de 0 a 3 anos de idade; crianças de 4 e 5 anos são atendidas pelo ensino fundamental.

II. A educação infantil nasceu vinculada mais fortemente ao setor de assistência social, com caráter predominantemente compensatório.

III. Apenas por volta dos anos de 1930 é que se fortaleceu a discussão a respeito do papel pedagógico, educativo, das escolas que atendem crianças pequenas – além de cuidar delas, a preocupação com a educação ganhou força nesse contexto.

IV. Historicamente, a necessidade de atendimento educacional às crianças pequenas está relacionada ao crescimento dos centros urbanos e também ao processo de inserção das mães no mercado de trabalho, em virtude do processo de industrialização.

Agora, assinale a alternativa que indica as afirmações corretas:

a) I e II.
b) II e III.
c) III e IV.
d) II e IV.

3. Com base na Lei de Diretrizes e Bases da Educação Nacional – LDBEN (Lei n. 9.394/1996) e no Plano Nacional de Educação – PNE (Lei n. 13.005/2014), são definidas as diretrizes para a educação infantil. Analise as proposições a seguir a respeito dessa etapa da educação básica.

I. A educação infantil, primeira etapa da educação básica, tem como finalidade o desenvolvimento integral da criança de até 5 anos, considerando-se seus aspectos físico, psicológico, intelectual e social.
II. A educação infantil deve ser oferecida em creches, ou entidades equivalentes, para crianças de até três anos de idade.
III. Havia uma meta para universalizar, até 2016, a educação infantil na pré-escola para crianças de 4 e 5 anos de idade e ampliar a oferta em creches, atendendo, no mínimo, 50% das crianças de até 3 anos.
IV. O processo avaliativo na educação infantil deve ser realizado por meio do registro do desenvolvimento das crianças, com o objetivo de promover e dar acesso ao ensino fundamental.

Agora, assinale a alternativa que indica as afirmações corretas:

a) III e IV.
b) I, II e III.
c) II e IV.
d) Apenas a afirmação I está correta.

4. O final da década de 1970 e os anos 1980 foram importantes pela forte discussão acerca do papel das instituições de educação infantil. Assinale a alternativa que descreve de forma correta o teor da discussão realizada.
   a) O meio acadêmico fez severas críticas às teorias de privação cultural e ao caráter compensatório ou preparatório que teria a pré-escola.
   b) Os movimentos organizados da sociedade civil, bem como os profissionais da área, passaram a defender o que entendiam ser um caráter assistencialista para as instituições de educação infantil.
   c) Houve a defesa da privatização, tanto das creches quanto das pré-escolas públicas, ou seja, a educação privada passou a ser considerada mais eficiente e eficaz do que a educação pública na área de educação infantil.
   d) O meio acadêmico desenvolveu teorias baseadas na perspectiva do behaviorismo ou na teoria comportamental voltada para a educação infantil como a melhor proposta pedagógica para o momento.

5. A Emenda Constitucional n. 59, de 11 de novembro de 2009, apresenta a ampliação da obrigatoriedade da educação básica, anteriormente restrita ao ensino fundamental. No que diz respeito à educação infantil, a lei determina que ela deve ser obrigatória:

a) para todas as crianças, desde o nascimento.
b) para as crianças a partir dos 4 anos de idade.
c) para as crianças a partir dos 5 anos de idade.
d) para as crianças a partir dos 3 anos de idade.

Atividades de aprendizagem

Questões para reflexão

1. A educação infantil deve se desenvolver com base nos princípios do cuidar, do educar e do brincar. Você considera possível a articulação desses três elementos nas atividades a serem desenvolvidas com as crianças pequenas? Pesquise sobre o assunto e justifique sua resposta com base em fontes teóricas.

2. A questão de gênero é uma polêmica no campo da educação, em especial no que se refere ao trabalho com crianças pequenas. A maioria dos profissionais que atuam nessa etapa de ensino são mulheres. Qual seria o motivo de poucos homens atuarem na educação infantil? Leia o texto indicado e procure refletir sobre a questão.

   MONTEIRO, M. K.; ALTMANN, H. Homens na educação infantil: olhares de suspeita e tentativas de segregação. **Cadernos de Pesquisa**, São Paulo, v. 44, n. 153, p. 720-741, jul./set. 2014. Disponível em: <https://www.scielo.br/j/cp/a/RLTGrW43VVJqGZPpr3Qdk5p/?format=pdf&lang=pt>. Acesso em: 8 dez. 2022.

Atividade aplicada: prática

1. Existe uma escola de educação infantil perto do local onde você mora? Se possível, vá até lá e faça uma entrevista com um professor. Organize previamente as questões para a conversa, a fim de abordar, por exemplo, o tempo de serviço, a formação, as atividades que desenvolve, os grandes desafios na prática e os aspectos que oferecem realização profissional.

3.

Ensino fundamental no Brasil

O ensino fundamental é a segunda etapa da educação básica no Brasil, localizado entre a educação infantil e o ensino médio. Atualmente, é composto de nove anos e compreende duas fases. A primeira fase corresponde do 1º ao 5º ano e a segunda, do 6º ao 9º ano de ensino. Cada fase tem características distintas, problemas e desafios a serem enfrentados na atualidade. Com relação à oferta por parte do Estado, o ensino fundamental é obrigatório e cabe às famílias garantir a frequência do aluno à escola.

A importância dessa etapa da educação básica relaciona-se à alfabetização e ao letramento dos alunos, bem como, de modo geral, ao acesso às bases de matemática, história, geografia, ciências, arte e educação física. Portanto, tem um papel fundamental na constituição da cidadania plena dos sujeitos da sociedade.

São vários os documentos e leis que regulamentam o ensino fundamental e dão as orientações gerais para seu funcionamento, entre os quais destacamos: a Constituição Federal de 1988, a Lei de Diretrizes e Bases da Educação Nacional (LDBEN), as Diretrizes Curriculares Nacionais para o Ensino Fundamental (DCNEF), o Plano Nacional de Educação (PNE), a Base Nacional Comum Curricular (BNCC) e o Estatuto da Criança e do Adolescente (ECA). Essas normas orientam e estabelecem a direção para elaborar e desenvolver as políticas educacionais nesse campo específico da educação básica.

Vamos aprender um pouco mais sobre o ensino fundamental?

3.1 Ensino fundamental e seus principais desafios

O ensino fundamental regular corresponde à etapa obrigatória e gratuita da educação básica que atende crianças (a partir de 6 anos) e adolescentes, com duração de nove anos:

> *A Lei n. 11.274/2006 fixa em nove anos a duração do ensino fundamental previsto na LDB com um mínimo de oito anos. De acordo com a mesma LDB, o ensino fundamental será organizado em 800 horas anuais, distribuídas em 200 dias de efetivo trabalho escolar, entendidos como aqueles dias nos quais se desenvolvem atividades orientadas com alunos e excluídos períodos destinados aos exames finais quando existirem (Art. 24). A jornada de trabalho diário deverá ter no mínimo quatro horas de "efetivo trabalho em sala de aula, sendo progressivamente ampliado o período de permanência na escola", ampliação delegada a cada sistema de ensino (Art. 34, §2º).* (Oliveira; Adrião, 2007, p. 38)

No capítulo anterior, tratamos da educação infantil e ressaltamos que o grande desafio para essa etapa da educação básica na atualidade é a expansão para dar conta de atender todas as crianças de 0 a 5 anos de idade, em especial no tocante à questão legal de que o ensino deve ser obrigatório para as crianças de 4 e 5 anos, conforme previsto na Emenda Constitucional n. 59, de 11 de novembro de 2009 (Brasil, 2009a), reforçada pela Lei n. 12.796, de 4 de abril de 2013 (Brasil, 2013a). Como já vimos, elas definem que a educação básica deve ser obrigatória e gratuita, dos 4 aos 17 anos de idade, assegurando-se, inclusive, o acesso gratuito para todos que não tiveram acesso em idade própria. Isso significa, pelo menos do ponto de vista legal, um grande avanço, pois a LDBEN de 1961 – Lei n. 4.024, de 20 de dezembro de 1961 (Brasil, 1961) – estabelecia como obrigatórios apenas quatro anos de ensino, que na época eram chamados de *primário*. A ampliação da escolaridade só ocorreu com a aprovação da Lei n. 5.692, de 11 de agosto de 1971 (Brasil, 1971) – Diretrizes e Bases para o ensino de primeiro e segundo graus –, que passou a fixar oito anos de ensino obrigatório.

Oliveira e Adrião (2007, p. 33) nos auxiliam a entender o caminho realizado até o presente com base em uma retomada histórica no campo da legislação educacional sobre a questão da obrigatoriedade do ensino fundamental:

> *No Brasil a Educação obrigatória e gratuita a que todos devem ter acesso foi introduzida na legislação federal com a Constituição de 1934. Inicialmente consistia no ensino primário de cinco anos, posteriormente de quatro. Com a Lei n. 5.692/71, passou a abranger as oito primeiras séries, sob a denominação de ensino de primeiro grau, resultante da fusão do ensino primário com o ginasial. Na Constituição de 1988, teve sua denominação alterada para ensino fundamental. Por fim, a Lei n. 11.114/2005 estabeleceu que o ensino fundamental é obrigatório a partir dos seis anos de idade e, complementarmente, a Lei n. 11.274/2006 ampliou a duração do ensino fundamental para nove anos, concedendo-se aos sistemas de ensino prazo até 2010 para adaptação à nova orientação legal.*

Assim, com a Lei n. 5.692/1971, a obrigatoriedade da educação básica no país passou a ser de oito anos. Hoje, temos a garantia legal de 14 anos de obrigatoriedade, dos 4 aos 17 anos, incluindo parte da educação infantil (que abrange crianças de 4 e 5 anos), o ensino fundamental e o ensino médio. Assim, os nove anos de obrigatoriedade do ensino fundamental[1] podem contribuir para que uma grande parcela da população tenha acesso aos conhecimentos científicos, sistematizados e necessários à construção da cidadania. A esse respeito, destacamos:

> *No ensino fundamental, o desafio para a expansão será bem menor que na educação infantil. Será preciso criar a possibilidade de apenas 878.427 novas matrículas em relação a 2013. Isso significará um acréscimo da ordem de R$ 4,5 bilhões, considerando o valor médio divulgado pelo Inep para os recursos financeiros aplicados por estudante do EF de R$ 5.049,00 em 2011, valor corrigido pelo IPCA para janeiro de 2014 (INEP, 2012). Considerou-se também, nesse caso, todas as novas matrículas no segmento público.* (Amaral, 2014, p. 301)

O desafio para a expansão do ensino fundamental não é tão grande quanto no caso da educação infantil, mas ainda assim outros problemas e desafios estão presentes nessa etapa da educação básica. Não é suficiente apenas conhecermos a legislação que garante o direito à educação; precisamos ir mais adiante e buscar saber em que medida a lei é realmente colocada em prática e quais são os desafios para o ensino fundamental na atualidade. Nesse sentido,

> *a reflexão não pode se restringir ao conhecimento do conteúdo da legislação que estabeleceu o direito à educação, mas precisa abranger também os dados da realidade que possibilitam analisar em que medida esta legislação se transformou em força material, ou seja, em aumento real de matrículas nas escolas brasileiras e elevação dos níveis de aprendizagem dos alunos.* (Bruel, 2010, p. 157)

1 Para saber mais sobre a questão do ensino de nove anos, sugerimos a leitura do texto de Santos (2010).

Portanto, mesmo com a ampliação do acesso ao ensino fundamental nas últimas décadas, as reais possibilidades de garantia da escolaridade obrigatória, compreendendo de forma indissociável os aspectos de matrícula, permanência e conclusão com sucesso, têm sido questionadas por conta de problemas relacionados à qualidade do ensino ofertado. Há, no senso comum disseminado atualmente, a desvalorização do prestígio da escola pública, vista por muitos como de baixa qualidade, opinião manifesta na mídia ao ressaltar, por exemplo, os casos de analfabetismo funcional. A esse respeito, o *site* Observatório do PNE (2022) aponta que o índice de analfabetismo funcional da população brasileira entre 15 e 64 anos, apesar de ainda ser alto, vem diminuindo em sua série histórica: em 2001 era de 39% e, em 2011, passou para 27%.

Para entender o que é o **analfabetismo funcional**, recorremos a Ribeiro (1997, p. 147):

> *A ampla disseminação do termo analfabetismo funcional em âmbito mundial deveu-se basicamente à ação da Unesco, que adotou o termo na definição de alfabetização que propôs, em 1978, visando padronizar as estatísticas educacionais e influenciar as políticas educativas dos países-membros. A definição de alfabetização que a Unesco propusera em 1958 fazia referência à capacidade de ler compreensivamente ou escrever um enunciado curto e simples relacionado à sua vida diária. Vinte anos depois, a mesma Unesco proporia outra definição, qualificando a alfabetização de funcional quando suficiente para que os indivíduos possam inserir-se adequadamente em seu meio, sendo capazes de desempenhar tarefas em que a leitura, a escrita e o cálculo são demandados para seu próprio desenvolvimento e para o desenvolvimento de sua comunidade. O qualitativo funcional insere a definição do alfabetismo na perspectiva do relativismo sociocultural. Tal definição já não visa limitar a competência ao seu nível mais simples (ler e escrever enunciados simples*

referidos à vida diária), mas abrigar graus e tipos diversos de habilidades, de acordo com as necessidades impostas pelos contextos econômicos, políticos ou socioculturais.

Em relação à constatação de problemas no ensino fundamental, faz-se necessário discutir, com maior profundidade, no mínimo, três elementos: acesso, permanência e qualidade.

O primeiro desses elementos – o **acesso** – está diretamente relacionado à questão da oferta das vagas para os alunos em idade de frequentar o ensino fundamental. Em algumas localidades, esse acesso pode não ser tão fácil pelo fato de as escolas ficarem distantes das residências dos alunos. Assim, não basta a existência de vagas em número suficiente para atender à demanda: é preciso que os alunos consigam chegar até as escolas, o que, por vezes, implica outras questões, como a do transporte escolar, necessário em muitas regiões rurais, onde a distância entre as residências dos estudantes e as instituições escolares pode ser muito maior do que nas regiões centrais e urbanas das grandes metrópoles.

Sobre o elemento **permanência**, podemos dizer que não é suficiente que as crianças ou os adolescentes tenham sua vaga garantida na escola: é preciso que se mantenham nela durante todo o percurso escolar. É urgente considerar e enfrentar um problema ainda existente: o fenômeno da **evasão**. Alunos abandonam a escola após nela ingressar por diversos motivos, entre os quais estão: número elevado de reprovações; faltas excessivas, que implicam a perda dos conteúdos escolares; necessidade de trabalhar para auxiliar a família; pouco acompanhamento familiar; inserção no mundo das drogas e da violência, principalmente no caso dos adolescentes, que, muitas vezes, estão sujeitos a situações de risco social. Para o enfrentamento desses problemas, é necessário o acompanhamento conjunto das escolas com os conselhos tutelares de cada localidade e também a constituição das chamadas *redes de proteção*.

De acordo com informações do *site* da Secretaria de Direitos Humanos da Presidência da República sobre o Programa Cadastro Nacional dos Conselhos Tutelares:

> *O Brasil é um país pioneiro na consolidação de legislação sobre direitos da criança e do adolescente. Dentre os avanços que o Estatuto da Criança e do Adolescente proporcionou, um dos principais foi a criação dos Conselhos Tutelares. São estruturas fundamentais para a tarefa de zelar pelo cumprimento dos direitos, operando no enfrentamento à negligência, à violência física, à violência psicológica, à exploração sexual e a outras formas de violações que infelizmente vitimam nossas meninas e meninos.* (Brasil, 2016f)

Outra iniciativa do Ministério da Educação (MEC) que colabora nesse sentido é o Projeto Escola que Protege, que estimula projetos que visem à formação continuada de profissionais da educação básica para o enfrentamento e a prevenção das violências contra crianças e adolescentes. De acordo com informações do *site* do MEC:

> *O projeto Escola que Protege (Eqp) é voltado para a promoção e a defesa dos direitos de crianças e adolescentes, além do enfrentamento e prevenção das violências no contexto escolar. A principal estratégia da ação é o financiamento de projetos de formação continuada de profissionais da educação da rede pública de educação básica, além da produção de materiais didáticos e paradidáticos nos temas do projeto.* (Brasil, 2016d)

As redes de proteção, além de se dedicarem ao enfrentamento de violências contra crianças e adolescentes, também são grandes aliadas na garantia da permanência e no combate à evasão dos alunos. Profissionais ligados a esse trabalho definem as redes de proteção à criança e ao adolescente como

> *entidades e órgãos governamentais e não governamentais que atuam no atendimento de crianças e adolescentes. De acordo com Oliveira et al. (2006), a rede de proteção representa a atuação integrada das instituições [...] no atendimento de crianças, adolescentes e suas famílias, tais como escolas, unidades básicas de saúde, programas em turno inverso à escola, entre outros.* (Faraj; Siqueira, 2012, p. 77)

Por fim, mas não menos importante, temos a necessidade de refletir a respeito da **qualidade** da educação ofertada. Mais uma vez, não é suficiente o acesso à escola, e também não basta a permanência no percurso da escolarização. Embora necessários, esses dois elementos só se completam com um ensino de qualidade. Crianças, adolescentes e jovens não devem apenas "passar" pela escola, mas se apropriar dos conhecimentos necessários à sua inserção na sociedade, ampliando sua compreensão de mundo e sua capacidade de intervenção nele. Isso só é possível com o cumprimento da **função social da escola**, ou seja, com a garantia da efetivação do processo de ensino e aprendizagem, a democratização e o acesso aos conhecimentos produzidos e acumulados histórica e coletivamente pela sociedade.

Um ponto importante no quesito *qualidade* do ensino ofertado é a questão da formação dos professores. O art. 62 da LDBEN de 1996 – Lei n. 9.394, de 20 de dezembro de 1996 (Brasil, 1996a) –, ao abordar a formação dos docentes para a educação básica, destaca que deve ocorrer em

> *Art. 62. [...] nível superior, em curso de licenciatura, de graduação plena, em universidades e institutos superiores de educação, admitida, como formação mínima para o exercício*

do magistério na educação infantil e nos 5 (cinco) primeiros anos do ensino fundamental, a oferecida em nível médio na modalidade normal. (Redação dada pela Lei n. 12.796, de 2013)

Além de uma formação inicial de qualidade, garantida preferencialmente em nível superior, teórica e metodologicamente sólida, é também necessária a garantia de uma boa formação continuada dos docentes, que lhes permita o aprimoramento constante em relação aos conhecimentos que permeiam o ato educativo.

Entre as tentativas de enfrentamento dos problemas já elencados (garantia do acesso, permanência e qualidade da educação ofertada no ensino fundamental regular e obrigatório) no campo da legislação educacional, está a importância da LDBEN, que

> *apresenta uma preocupação, senão com a viabilização da democratização do acesso e da permanência dos alunos na escola durante a etapa de educação obrigatória, ao menos com uma tendência de desburocratização dos rituais institucionais presentes nas práticas escolares que contribuíam para restringir a permanência de crianças e adolescentes nas escolas. Essa tendência pode ser atestada pela introdução de procedimentos como a reclassificação de alunos, o caráter diagnóstico das avaliações, a possibilidade de organização do ensino em ciclos, a recuperação contínua, em suma, pela adoção de uma orientação ora implícita, ora explícita que busca romper com o modelo seriado, classificatório e autoritário com que nossas escolas, especialmente as públicas, tradicionalmente se organizaram.* (Oliveira; Adrião, 2007, p. 36)

As indicações legais no plano da LDBEN orientam o desenvolvimento de políticas educacionais no campo do ensino fundamental. É preciso enfrentar a lógica seriada, que contribui, em alguns locais do país, para um sistema educacional ainda centrado na reprovação escolar, e não em uma avaliação diagnóstica e contínua com a finalidade de promover os alunos, garantindo sua aprendizagem.

No caminho de superação da lógica seriada e com base na abertura proporcionada pela LDBEN para a organização do ensino, muitas localidades implementaram nas últimas décadas os chamados ***ciclos de aprendizagem***:

> *O termo "ciclo", para designar políticas de não reprovação, emergiu no cenário das políticas educacionais em meados dos anos de 1980, com a implantação do Ciclo Básico de Alfabetização, em diversas redes estaduais de ensino (São Paulo, Minas Gerais, Paraná, Goiás, entre outras). A partir dos anos 1990, diferentes modalidades de ciclos foram implementadas no Brasil: Ciclos de Aprendizagem, Ciclos de Formação, Regime de Progressão Continuada e outras. Em termos gerais, a organização da escolaridade em ciclos tem sido considerada uma política inclusiva e [...] uma importante medida para a democratização da educação, uma vez que pode auxiliar a permanência e o sucesso escolar.* (Stremel, 2009, p. 10.235)

Sabemos também que existem muitas críticas aos modelos de organização dos sistemas escolares por meio de ciclos de aprendizagem. Entretanto, o problema não é diretamente a implementação do ciclo de aprendizagem ou a promoção dos alunos para as séries ou os anos seguintes, mas a falta de alguns componentes, como: acompanhamento contínuo que garanta a aprendizagem por meio de programas e projetos de recuperação paralela em contraturno; turmas com número adequado de alunos; atendimento individualizado aos alunos com dificuldades de aprendizagem; e escolas de tempo integral.

Cabe ressaltar o papel da LDBEN nas definições acerca do processo avaliativo no ensino fundamental:

> *A LDB mantém o caráter atribuído ao processo de verificação do rendimento escolar existente na antiga Lei n. 5.692/71, ao priorizar os "aspectos qualitativos sobre os quantitativos e dos resultados ao longo do período sobre os de eventuais provas finais" (Art. 24, V, a).*
>
> *Além disso, assegura a possibilidade de aceleração nos estudos para alunos com defasagem idade-série e enfatiza a previsão nos Regimentos Escolares de cada unidade escolar, de estudos paralelos de recuperação. (Oliveira; Adrião, 2007, p.* 39)

As definições no campo da avaliação da aprendizagem, ao priorizarem os aspectos qualitativos sobre os quantitativos, remetem ao campo das definições curriculares, que estão com elas diretamente articuladas. Os aspectos qualitativos referentes aos conteúdos ensinados dizem respeito ao significado dos conhecimentos escolares, que devem fazer sentido em relação à vida dos alunos, auxiliando-os na ampliação de sua compreensão sobre o mundo em que estão inseridos. Nesse sentido, a escola não deve priorizar conteúdos fundamentados apenas na memorização, sem sentido e significado, desvinculados da prática social concreta. Para tanto, a LDBEN indica a necessidade do estabelecimento de uma **base comum nacional**, bem como de uma **parte diversificada** referente à definição dos conteúdos curriculares:

> *Outro aspecto relevante apresentado pela LDB refere-se ao contido no Art. 26, segundo o qual "Os currículos do ensino fundamental e médio devem ter uma base nacional comum, a ser complementada, em cada sistema de ensino e estabelecimento escolar, por uma parte diversificada, exigida pelas características regionais e locais da sociedade, da cultura, da economia e da clientela".* (Oliveira; Adrião, 2007, p. 40)

Para definir a base comum e a parte diversificada do currículo do ensino fundamental, as escolas no Brasil devem seguir as DCNEF, instituídas pela Resolução n. 7, de 14 de dezembro de 2010 (Brasil, 2010c). Bruel (2010), ao analisar as DCN, destaca a importância dessa norma nas definições referentes ao currículo no ensino fundamental e os temas relevantes abordados por esse documento.

> *Percebemos, na análise do documento, a importância conferida à organização curricular nas escolas, pois três das sete diretrizes tratam do trabalho com as áreas de conhecimento e sua articulação com temas que contemplem aspectos da vida cidadã, apresentam definições objetivas de currículo, base nacional comum, parte diversificada, conteúdos mínimos, demonstrando a grande preocupação com o papel fundamental da escola em relação à garantia da aprendizagem dos alunos, com significado social. Assim, as diretrizes apresentam uma concepção de educação voltada para a formação de sujeitos autônomos que construam compreensões cada vez mais elaboradas sobre o mundo e o conhecimento.* (Bruel, 2010, p. 167)

Talvez a contribuição mais relevante das DCNEF esteja no auxílio às diversas redes de ensino do país em relação à definição dos conteúdos escolares, dando certa unidade ao conjunto nacional de estabelecimentos de ensino. Podemos dizer que as DCN atuam como guia para organizar as diretrizes curriculares estaduais e municipais e delimitar os projetos político-pedagógicos das instituições escolares de todo o Brasil. De acordo com o art. 14 das DCNEF:

> *O currículo da base nacional comum do Ensino Fundamental deve abranger, obrigatoriamente, conforme o art. 26 da Lei n. 9.394/96, o estudo da Língua Portuguesa e da Matemática, o conhecimento do mundo físico e natural e da*

realidade social e política, especialmente a do Brasil, bem como o ensino da Arte, a Educação Física e o Ensino Religioso. (Brasil, 2010c, p. 4)

Assim, as DCNEF orientam sobre o que será ensinado como base comum nacional nesse nível de ensino, de modo geral, abrangendo língua portuguesa, matemática, história, geografia, ciências, arte e educação física.

Destacamos, aqui, a questão, muitas vezes polêmica, do **ensino religioso**, em razão do princípio constitucional da laicidade no Estado brasileiro. Por *laicidade*, ou *ensino laico* na educação pública, entende-se que o ensino não deve ser vinculado a nenhuma ordem religiosa (católica, evangélica, espírita etc.). A compreensão expressa na LDBEN (Brasil, 1996a) a esse respeito, conforme definido em seu art. 33, estabelece que:

> *O ensino religioso, de matrícula facultativa, é parte integrante da formação básica do cidadão e constitui disciplina dos horários normais das escolas públicas de ensino fundamental, assegurado o respeito à diversidade cultural religiosa do Brasil, vedadas quaisquer formas de proselitismo. (Redação dada pela Lei n. 9.475, de 22.7.1997)*

Portanto, a lei indica que o ensino religioso[2] deve ser ofertado pelos estabelecimentos de ensino, mas é facultativa ao aluno a sua matrícula, ou seja, ele frequenta apenas se quiser.

Ainda sobre a base comum nacional, destacamos a questão do **ensino da arte e da educação física**:

> *De acordo com o Art. 26, é obrigatório o ensino das artes como componente curricular. Já a educação física deve integrar-se à proposta pedagógica da escola e tornar-se "facultativa nos*

2 Para saber mais sobre o assunto, sugerimos a leitura do artigo de Cunha (2013).

> *cursos noturnos", condição que gerou protestos por parte dos profissionais da área e divergências quando de sua regulamentação, dada uma duplicidade de interpretação: facultativa para os cursos ou para os alunos?* (Oliveira; Adrião, 2007, p. 41)

Além da base comum nacional para o ensino fundamental, cada localidade pode definir a parte diversificada do currículo escolar, o que deve ocorrer de forma integrada, e não em dois blocos distintos, visando possibilitar a "sintonia dos interesses mais amplos de formação básica do cidadão com a realidade local, as necessidades dos alunos, as características regionais da sociedade, da cultura e da economia" (Brasil, 2010c, p.4). Cabe destacar o art. 17, que exige que seja "incluído, obrigatoriamente, a partir do 6º ano, o ensino de, pelo menos, uma língua estrangeira moderna, cuja escolha ficará a cargo da comunidade escolar" (Brasil, 2010c, p .5).

A partir das definições da LDBEN e das DCN sobre a base comum nacional, foi elaborada e promulgada nos anos de 2017 e 2018 a BNCC para toda a educação básica. No capítulo anterior, destacamos algumas especificidades da BNCC referentes à educação infantil. Agora, trataremos da BNCC direcionada ao ensino fundamental.

3.2
Base Nacional Comum Curricular no ensino fundamental

O ensino fundamental é a maior etapa da educação básica, pois abrange 9 anos da vida escolar do estudante. Além disso, é a etapa intermediária entre a educação infantil e o ensino médio. A BNCC aponta os caminhos para a organização do processo educativo nas duas fases estabelecidas nessa etapa pela legislação educacional, que são: (1) anos iniciais do ensino fundamental e (2) anos finais do ensino fundamental. É importante ressaltar que a BNCC destaca a necessidade de um olhar cuidadoso sobre a transição de uma fase para a outra, com indicações específicas a esse respeito.

Vamos analisar como a BNCC está organizada e o que esse documento aborda, em geral, para o Ensino Fundamental. Esperamos que você fique curioso e busque ler o documento para saber mais sobre o assunto[3].

Inicialmente, o documento destaca que o ensino fundamental deve articular-se com a etapa anterior, que é a educação infantil, e considerar o lúdico e as experiências de aprendizagem vivenciadas nela pela criança que ingressa no ensino fundamental.

> *A BNCC do **Ensino Fundamental – Anos Iniciais**, ao valorizar as situações lúdicas de aprendizagem, aponta para **a necessária articulação com as experiências vivenciadas na Educação Infantil**. Tal articulação precisa prever tanto a **progressiva sistematização** dessas experiências quanto o desenvolvimento, pelos alunos, de **novas formas de relação** com o mundo, novas possibilidades de ler e formular hipóteses sobre os fenômenos, de testá-las, de refutá-las, de elaborar conclusões, em uma atitude ativa na construção de conhecimentos.* (Brasil, 2022a, p. 57-58, grifo do original)

---

3 BRASIL. Ministério da Educação. Conselho Nacional de Educação. Secretaria de Educação Básica. **Base Nacional Comum Curricular**: educação é a base. Brasília, DF: MEC/Consed/UNDME. Disponível em: <http://basenacionalcomum.mec.gov.br/images/BNCC_EI_EF_110518_versaofinal_site.pdf>. Acesso em: 8 jan. 2023.

É preciso considerar que nesta etapa de ensino, do 1° ao 5° ano, as crianças se desenvolvem muito, passam por várias experiências, adquirem aos poucos autonomia e identidade em relação ao meio do qual fazem parte, sendo que: "Os alunos se deparam com uma variedade de situações que envolvem conceitos e fazeres científicos, desenvolvendo observações, análises, argumentações e potencializando descobertas" (Brasil, 2022a, p. 58)

A BNCC indica que os dois primeiros anos devem ser voltados para a alfabetização. Após essa fase, a progressão do conhecimento deve ocorrer "pela **consolidação das aprendizagens anteriores** e pela **ampliação das práticas** de linguagem e da experiência estética e intercultural das crianças, considerando tanto seus interesses e suas expectativas quanto o que ainda precisam aprender" (Brasil, 2022a, p. 59, grifo do original).

Conforme já mencionamos, há uma preocupação na BNCC com a transição entre os anos iniciais e os anos finais do ensino fundamental, especialmente entre o 5° e o 6° ano. É importante que não ocorra uma ruptura no processo de aprendizagem, posto que, muitas vezes, na lógica tradicional, as crianças passam de um ensino lúdico e voltado para experiências práticas e interdisciplinares para uma lógica fragmentada por aulas específicas, com tempo estabelecido e baseadas predominantemente em um ensino focado na utilização do livro didático.

A respeito dos anos finais do ensino fundamental, a BNCC ressalta que "os estudantes se deparam com **desafios de maior complexidade**, sobretudo em razão da necessidade de se apropriarem das diferentes lógicas de organização dos conhecimentos relacionados às áreas" (Brasil, 2022a, p. 60, grifo do original). Esse período corresponde à transição entre a infância e a adolescência e traz consigo muitas mudanças "biológicas, psicológicas, sociais e emocionais". (Brasil, 2022a, p. 60).

Essas mudanças pelas quais a criança e o adolescente passam precisam ser levadas em consideração para a organização do processo de ensino e aprendizagem, pois a criança e o adolescente têm interesses próprios, que precisam ser verificados pelos professores e fazer parte do planejamento das aulas, de modo que estas sejam mais atrativas para o estudante. Entre esses interesses estão, por exemplo a questão das tecnologias e da cultura digital:

> *As mudanças próprias dessa fase da vida implicam a compreensão do adolescente como sujeito em desenvolvimento, com singularidades e formações identitárias e culturais próprias, que demandam práticas escolares diferenciadas, capazes de contemplar suas necessidades e diferentes modos de inserção social.* (Brasil, 2022a, p. 60)

No ensino fundamental, as orientações da BNCC são organizadas em cinco áreas e cada uma apresenta os componentes curriculares a serem desenvolvidos, com orientações específicas para os anos iniciais e os anos finais. Confira como essas áreas estão organizadas na Figura 3.1.

Figura 3.1 – Competências gerais da educação básica: ensino fundamental

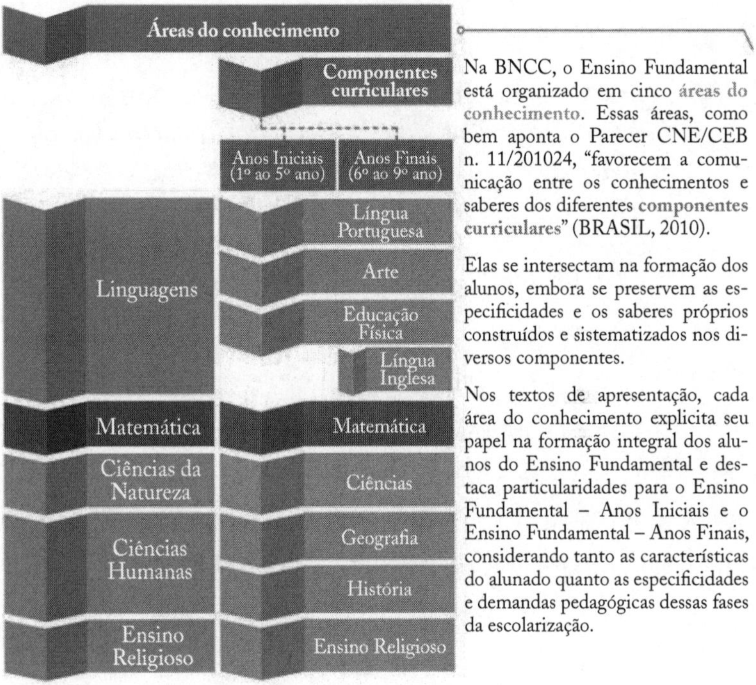
Áreas do conhecimento
Componentes curriculares
Anos Iniciais (1º ao 5º ano)
Anos Finais (6º ao 9º ano)
Linguagens
Língua Portuguesa
Arte
Educação Física
Língua Inglesa
Matemática
Matemática
Ciências da Natureza
Ciências
Ciências Humanas
Geografia
História
Ensino Religioso
Ensino Religioso
Na BNCC, o Ensino Fundamental está organizado em cinco áreas do conhecimento. Essas áreas, como bem aponta o Parecer CNE/CEB n. 11/201024, "favorecem a comunicação entre os conhecimentos e saberes dos diferentes componentes curriculares" (BRASIL, 2010).
Elas se intersectam na formação dos alunos, embora se preservem as especificidades e os saberes próprios construídos e sistematizados nos diversos componentes.
Nos textos de apresentação, cada área do conhecimento explicita seu papel na formação integral dos alunos do Ensino Fundamental e destaca particularidades para o Ensino Fundamental – Anos Iniciais e o Ensino Fundamental – Anos Finais, considerando tanto as características do alunado quanto as especificidades e demandas pedagógicas dessas fases da escolarização.

Fonte: Brasil, 2022a, p. 27, grifo do original.

Cada uma das áreas tem suas especificidades, sobre as quais destacamos os aspectos indicados a seguir.

Linguagens

Essa área tem a finalidade de

> *possibilitar aos estudantes participar de práticas de linguagem diversificadas, que lhes permitam ampliar suas capacidades expressivas em manifestações artísticas, corporais e linguísticas, como também seus conhecimentos sobre essas linguagens, em continuidade às experiências vividas na Educação Infantil.* (Brasil, 2022a, p. 63)

Matemática

Propõe cinco unidades temáticas que, correlacionadas, orientam a formulação de habilidades a serem desenvolvidas ao longo do ensino fundamental. Cada uma das unidades temáticas pode receber ênfase diferente, dependendo do ano de escolarização. As unidades temáticas da área de matemática são cinco:

1. números;
2. álgebra;
3. geometria;
4. grandezas e medidas;
5. probabilidade e estatística.

Ciências da Natureza

É organizada em três unidades temáticas, que são:

1. matéria e energia;
2. vida e evolução;
3. Terra e Universo.

Essas aprendizagens visam possibilitar aos estudantes a compreensão, explicação e intervenção no mundo, pois:

Ao estudar Ciências, as pessoas aprendem a respeito de si mesmas, da diversidade e dos processos de evolução e manutenção da vida, do mundo material – com os seus recursos naturais, suas transformações e fontes de energia –, do nosso planeta no Sistema Solar e no Universo e da aplicação dos conhecimentos científicos nas várias esferas da vida humana. (Brasil, 2022a, p. 325)

Ciências Humanas

"A área de Ciências Humanas contribui para que os alunos desenvolvam a cognição *in situ*, ou seja, sem prescindir da **contextualização** marcada pelas noções de **tempo** e **espaço**, conceitos fundamentais da área." (Brasil, 2022a, p. 353, grifo do original). Assim, essa área é composta pelos componentes curriculares de Geografia e História, definindo as unidades temáticas, objetos do conhecimento e habilidades tanto para os anos iniciais quanto para os anos finais do ensino fundamental.

Ensino Religioso

Trata-se de uma área que considera os marcos normativos e as competências gerais estabelecidas no âmbito da BNCC, tendo os seguintes objetivos:

> *a) Proporcionar a aprendizagem dos conhecimentos religiosos, culturais e estéticos, a partir das manifestações religiosas percebidas na realidade dos educandos;*
>
> *b) Propiciar conhecimentos sobre o direito à liberdade de consciência e de crença, no constante propósito de promoção dos direitos humanos;*
>
> *c) Desenvolver competências e habilidades que contribuam para o diálogo entre perspectivas religiosas e seculares de vida, exercitando o respeito à liberdade de concepções e o pluralismo de ideias, de acordo com a Constituição Federal;*

d) Contribuir para que os educandos construam seus sentidos pessoais de vida a partir de valores, princípios éticos e da cidadania. (Brasil, 2022a, p. 436)

No capítulo anterior, explicamos o que são códigos alfanuméricos. Na Figura 3.2, há um exemplo de composição de código alfanumérico aplicado ao ensino fundamental. Trata-se de uma ferramenta que ajuda o professor e as escolas a fazerem seus planejamentos.

Figura 3.2 – Composição de código alfanumérico no ensino fundamental

Nos quadros que apresentam as unidades temáticas, os objetos de conhecimento e as habilidades definidas para cada ano (ou bloco de anos), cada habilidade é identificada por um **código alfanumérico** cuja composição é a seguinte:

EF67EF01

O primeiro par de letras indica a etapa de **Ensino Fundamental**.

O primeiro par de números indica o **ano (01 a 09)** a que se refere a habilidade, ou, no caso de Língua Portuguesa, Arte e Educação Física, o **bloco de anos**, como segue:

Língua Portuguesa/Arte
15 = 1º ao 5º ano
69 = 6º ao 9º ano

Língua Portuguesa/ Educação Física
12 = 1º e 2º anos
35 = 3º ao 5º ano
67 = 6º e 7º anos
89 = 8º e 9º anos

O segundo par de letras indica o **componente curricular**:
AR = Arte
CI = Ciências
EF = Educação Física
ER = Ensino Religioso
GE = Geografia
HI = História
LI = Língua Inglesa
LP = Língua Portuguesa
MA = Matemática

O último par de números indica a posição da habilidade na **numeração sequencial** do ano ou do bloco de anos.

Segundo esse critério, o código **EF67EF01**, por exemplo, refere-se à primeira habilidade proposta em Educação Física no bloco relativo ao 6º e 7º anos, enquanto o código **EF04MA10** indica a décima habilidade do 4º ano de Matemática

Fonte: Brasil, 2022a, p. 30, grifo do original.

De acordo com o esquema exposto na Figura 3.2, o código exemplificado, EF67EF01, se refere à "primeira habilidade proposta em Educação Física no bloco relativo ao 6º e 7º anos" (Brasil, 2022a, p. 30). Da mesma forma, o código EF04MA10 se refere ao ensino fundamental e indica a décima habilidade do 4º ano de Matemática, pois EF – ensino fundamental; 04 – 4º ano; MA – Matemática; 10 – décima habilidade. Se formos ao documento, encontraremos o seguinte: "**(EF04MA10)** Reconhecer que as regras do sistema de numeração decimal podem ser estendidas para a representação decimal de um número racional e relacionar décimos e centésimos com a representação do sistema monetário brasileiro" (Brasil, 2022a, p. 291).

Por mais que existam críticas que devem ser levadas em consideração sobre o processo de elaboração e a concepção norteadora da BNCC, é preciso considerar que esse é um documento normativo, que deve ser conhecido e utilizado pelas escolas, na medida do possível, para a elaboração de seus planejamentos de ensino.

A BNCC pode ser futuramente transformada, porém, sua implementação ou transformação exige seu conhecimento, dado que o documento se propõe à:

> *indicação clara do que os alunos devem "saber" (considerando a constituição de conhecimentos, habilidades, atitudes e valores) e, sobretudo, do que devem "saber fazer" (considerando a mobilização desses conhecimentos, habilidades, atitudes e valores para resolver demandas complexas da vida cotidiana, do pleno exercício da cidadania e do mundo do trabalho), a explicitação das competências oferece referências para o fortalecimento de ações que assegurem as aprendizagens essenciais definidas na BNCC.* (Brasil. 2022a, p. 13)

Em que pesem as diversas observações críticas a respeito do documento, não há como deixar de concordar que aprendizagens significativas são necessárias aos nossos estudantes – trata-se de aprofundar o debate e buscar refletir com fundamentação teórica a respeito de que aprendizagens são essas e a serviço de quem ou para que forma social estão sendo desenvolvidas, em prol da conservação ou da transformação da sociedade.

Diante desse contexto, no que se refere ao currículo e à metodologia para o ensino fundamental, importa enfatizar a grande responsabilidade dessa etapa da educação básica na construção do alicerce de conhecimentos sobre o qual se edificarão a continuidade e o aprofundamento dos estudos no ensino médio e no ensino superior.

3.3
Ensino fundamental no campo das políticas educacionais

Entre as questões importantes a serem discutidas no campo das políticas educacionais relacionadas ao ensino fundamental, está a municipalização e as consequências dessa política de descentralização, visto que, na atualidade, os municípios se responsabilizam pelo maior número das matrículas no ensino fundamental regular. Em relação à responsabilidade pela oferta da educação no ensino fundamental, lembramos aqui o que diz a LDBEN sobre o regime de colaboração entre os entes da federação:

> *Evidencia-se a ideia do atendimento concomitante do ensino fundamental por parte de Estados e municípios, desde que equacionada a concepção de regime de colaboração. A LDB delineia esse regime de colaboração ao estabelecer o que cabe*

a estas duas esferas governamentais. Aos Estados (Art. 10, VI) atribui a tarefa de "assegurar o ensino fundamental e oferecer, com prioridade, o ensino médio". Aos municípios (Art. 11, V) que estes incumbir-se-ão de: oferecer a educação infantil em creches e pré-escolas, e, com prioridade, o ensino fundamental, permitida a atuação em outros níveis de ensino somente quando estiverem atendidas plenamente as necessidades de sua área de competência e com recursos acima dos percentuais mínimos vinculados pela Constituição Federal à manutenção e desenvolvimento do ensino. (Oliveira; Adrião, 2007, p. 37)

Portanto, a LDBEN indica que a oferta do ensino público gratuito deve acontecer em regime de colaboração entre as esferas municipal, estadual e federal. Todavia, há um movimento nas últimas duas décadas que defende que os municípios devem se responsabilizar pela oferta da educação infantil e dos anos iniciais do ensino fundamental. No campo das políticas educacionais, esse movimento é chamado de *municipalização*. Porém, em que pesem as diferenças socioeconômicas entre tantos municípios brasileiros, é preciso considerar a capacidade real da maioria de arcar com os custos da oferta educacional. Bruel (2010, p. 164-165) alerta:

Cabe ressaltar que a municipalização não se realiza sob os mesmos preceitos em todos os estados da federação. Há estados que dividiram com os municípios as responsabilidades em relação ao ensino fundamental, transferindo a eles a oferta dos anos iniciais e assumindo a dos anos finais, o que pode provocar maior acirramento da fragmentação entre esses períodos. Em outros estados, tanto as redes estaduais quanto as municipais ofertam o curso completo de ensino fundamental com nove anos de duração.

Então, há uma diversidade no entendimento sobre qual esfera administrativa é responsável pela oferta do ensino fundamental. Em muitos lugares, essa etapa do ensino tem ficado a cargo dos municípios, principalmente no que diz respeito à primeira fase, do 1º ao 5º ano, trazendo novas demandas para os poderes locais no que se refere a organização, logística, orientações educacionais, formação de professores, entre outros aspectos fundamentais à oferta de uma educação de qualidade para a população. Bruel (2010, p. 165) reforça o entendimento a respeito do processo de municipalização instaurado em muitos municípios brasileiros:

> *Em decorrência desse processo, os municípios assumem novas atribuições e desafios relacionados à organização de suas redes ou sistemas, à garantia dos direitos da população quanto ao acesso, permanência e qualidade do ensino, à valorização dos trabalhadores em educação, à definição e garantia de padrão e condições de qualidade de educação, à necessária ampliação do atendimento para acolher toda a demanda, entre outros.*

Para que os municípios tenham condições de desenvolver bem sua função em relação à oferta da educação com qualidade, em qualquer uma das etapas da educação básica, é necessário o acompanhamento das contas públicas, do financiamento educacional, das definições curriculares e metodológicas, entre outros aspectos relevantes. Nesse sentido, a sociedade civil organizada deve se fazer presente por meio dos chamados *Conselhos Municipais de Educação*. Esses conselhos existem também nos âmbitos estadual e federal e em outras instâncias da vida pública em sociedade, como na área da saúde, por exemplo. A respeito dos conselhos de educação, Jamil Cury (2002b, p. 60) explica:

> *Os Conselhos de Educação são órgãos colegiados de funções normativas e consultivas em tudo o que se refere à legislação educacional e sua aplicação. Eles também possuem a função de interpretar a legislação educacional e assessorar os órgãos executivos dos respectivos governos. De modo geral,*

os Conselhos normatizam as leis educacionais por meio de Resoluções, precedidas de Pareceres. As Resoluções são o modo pelo qual as deliberações dos Conselhos ganham força de lei já que são o instrumento apto da interpretação normativa própria destes órgãos.

Os conselhos – formados pelos conselheiros eleitos por seus pares, que representam diferentes segmentos da sociedade civil organizada (representantes de entidades sindicais de classe, do magistério, da câmara de vereadores, do Poder Público executivo etc.) – auxiliam nas definições políticas a serem tomadas em cada localidade, tendo funções consultivas, normativas, deliberativas e fiscais. Sobre o desafio da constituição dos conselhos municipais de educação, Bruel (2010, p. 165) destaca:

> *Um desses desafios é a organização de Conselhos Municipais de Educação autônomos em relação às administrações municipais, democraticamente constituídos, com caráter consultivo, normativo, deliberativo e fiscalizador, que assumam a responsabilidade estratégica de discutir, propor e aprovar políticas públicas municipais para a educação, articuladas aos sistemas estadual e federal. Nessa perspectiva, a municipalização pode ter resultados positivos na busca pela democratização da educação e do ensino, superando os limites impostos pela simples transposição de responsabilidades.*

Os conselhos municipais de educação podem ser consultados para sanar dúvidas referentes ao sistema de ensino, normatizar a legislação referente à educação municipal, criando instruções normativas sobre diferentes assuntos pertinentes à área educacional, deliberar sobre questões diversas após debates entre seus membros e consulta às legislações educacionais, em especial à LDBEN e à Constituição Federal, além de ter a função importantíssima de fiscalizar a execução de políticas públicas pelo órgão executivo, constituindo-se em força determinante para a realização de uma prática política democrática.

São muitos os desafios para a educação no campo do ensino fundamental nos próximos anos. Apresentamos aqui apenas alguns dos principais problemas da área – urge a busca de soluções para eles. Oliveira e Adrião (2007) indicam que o debate no campo das políticas educacionais deve se acirrar futuramente e apontam os aspectos em que ele se faz mais premente – o financiamento da educação básica, o debate acerca de métodos pedagógicos e conteúdos significativos e o estabelecimento efetivo do regime de colaboração entre os entes da federação para a oferta e a manutenção dos sistemas de ensino. Para os autores,

> *nos próximos anos, o debate em torno do ensino fundamental concentrar-se-á em três questões. Prover recursos de modo a assegurar o custo-aluno-qualidade nessa etapa de ensino. O Fundeb, destinado a financiar toda a educação básica, foi aprovado no Congresso Nacional. Disso decorre a segunda questão, a garantia de um ensino fundamental de qualidade para todos, o que significa enfrentar tanto o desafio pedagógico de desenvolver métodos de ensino significativos e prazerosos para uma população sem contato histórico com o saber letrado quanto o estabelecimento de padrões de financiamento, resultados e processos que expressem uma qualidade disponível a todos. A terceira questão refere-se ao equacionamento da distribuição de competências, particularmente entre estados e municípios ou o efetivo estabelecimento do regime de colaboração.* (Oliveira; Adrião, 2007, p. 46)

Como bem apontam os autores, a questão da colaboração entre os entes federativos é fundamental à busca de um ensino de qualidade para toda a população brasileira. Nesse sentido, o PNE e a elaboração, de forma articulada com ele, dos planos estaduais e municipais de educação aparecem no atual cenário como elementos decisivos para o estabelecimento de políticas educacionais voltadas ao enfrentamento dos problemas abordados.

No campo do financiamento da educação, no contexto das políticas educacionais, é importante fazer referência à recente política de fundos para o financiamento da educação básica, expressa pelo Fundo de Manutenção e Desenvolvimento da Educação Básica e de Valorização dos Profissionais da Educação (Fundeb), aprovado em 2006, em substituição ao Fundo de Manutenção e Desenvolvimento do Ensino Fundamental (Fundef). Mais recentemente, tivemos a aprovação da Emenda Constitucional n. 108, de 27 de agosto de 2020 (Brasil, 2020a), e da Lei n. 14.113, de 25 de dezembro de 2020 (Brasil, 2020b), que modificam o Fundeb e o tornam permanente. Campos e Cruz (2009, p. 373-374) apresentam algumas características do funcionamento desse fundo:

> *Parcelas fixas da arrecadação de estados e municípios são incorporadas ao fundo, que redistribui esses recursos de acordo com a proporção de matrículas nas redes estaduais e municipais de ensino público. As modalidades de ensino cobertas incluem a educação infantil (creche e pré-escola), o ensino fundamental, o ensino médio e a educação de jovens e adultos (EJA). As receitas estaduais vinculadas ao Fundeb incluem o Fundo de Participação dos Estados (FPE) e os recursos arrecadados com o imposto sobre a circulação de mercadorias e serviços (ICMS), o imposto sobre a propriedade de veículos automotores (IPVA), a quota do imposto sobre produtos industrializados (IPI-Exp) e o imposto sobre transmissão causa mortis e doação (ITCD). Já as receitas municipais vinculadas são: fundo de participação dos municípios (FPM), quota do ICMS, quota do IPVA, quota do imposto territorial rural (ITR) e quota do IPI-Exp.*

Os fundos citados estão relacionados com as políticas de municipalização da educação, desenvolvidas nas últimas décadas, por terem colaborado para induzir o processo ao atrelar parte dos recursos vinculados à educação às matrículas realizadas no ensino fundamental regular. Essa crítica a respeito da influência do papel do Fundef e do Fundeb na divisão de responsabilidades entre os entes da federação é desenvolvida por alguns pesquisadores na área do financiamento educacional. Para exemplificar, apresentamos o entendimento de José Marcelino de Resende Pinto (2007a, p. 880):

> *Esta mudança desencadeada pelo FUNDEF no padrão de divisão de responsabilidades, contudo, no nosso entendimento, pouco contribuiu para aumentar a eficiência de gestão do sistema e menos ainda a qualidade do ensino. Em geral, não houve consulta à comunidade escolar e os critérios de decisão foram essencialmente monetários: de um lado, os estados querendo reduzir seus alunos, de outro os municípios querendo ampliar suas receitas. A preocupação com a qualidade do ensino esteve, em geral, ausente em boa parte dos convênios de municipalização. A maneira apressada como se deu o processo gerou um grande desperdício na alocação dos profissionais do magistério. Assim, em São Paulo, por exemplo, há um enorme contingente de professores efetivos da rede estadual que está ocioso, porque nas localidades onde trabalhavam esses professores as escolas foram municipalizadas e houve concursos para contratação de novos professores pela rede municipal.*

Em que pesem as críticas às políticas educacionais desenvolvidas na atualidade, é preciso analisá-las sob uma perspectiva dialética, ou seja, procurando compreender a contradição presente, de modo geral, nas políticas sociais sob o capitalismo. Avanços e retrocessos ocorrem o tempo todo, o que destaca a necessidade premente de nos imbuirmos de argumentos, com base no conhecimento científico historicamente acumulado, que possibilitem ampliar os campos de ação favoráveis à maioria da população. É preciso lembrar que a realidade é dinâmica e contraditória, existindo sempre algum espaço para a contestação e o fortalecimento de uma perspectiva contra-hegemônica.

Como já destacamos, a Emenda Constitucional n. 108/2020 e a Lei n. 14.113/2020 estabeleceram uma nova política para o Fundeb a partir de 2021. Isso inviabiliza uma análise de sua aplicação, pois se trata de algo ainda muito recente, em estágio de adaptação em todos os entes federativos, para que a União possa fazer a aplicação da complementação necessária. No entanto, é muito importante ressaltar a necessidade de acompanhamento pelos Conselhos de Acompanhamento e Controle Social do Fundeb (CACS) e da sociedade sobre os recursos financeiros para a educação básica.

O documento "Planejando a próxima década: conhecendo as 20 metas do Plano Nacional de Educação", do MEC (Brasil, 2014b), em sua introdução, indica o seguinte: "Sabemos que a busca pela equidade e pela qualidade da educação em um país tão desigual como o Brasil é uma tarefa que implica políticas públicas de Estado que incluam uma ampla articulação entre os entes federativos".

Importante!

A educação é tarefa de todos: municípios, estados e Governo federal. Além do estabelecimento de políticas educacionais comprometidas com uma educação de qualidade, é necessário seu acompanhamento pela sociedade civil organizada, em todas as suas fases, desde a tomada das decisões e da elaboração até o desenvolvimento e a avaliação.

A respeito do PNE, destacamos as metas que, a nosso ver, interferem diretamente na definição de políticas educacionais voltadas para o ensino fundamental:

> *Meta 2: universalizar o ensino fundamental de 9 (nove) anos para toda a população de 6 (seis) a 14 (quatorze) anos e garantir que pelo menos 95% (noventa e cinco por cento) dos alunos concluam essa etapa na idade recomendada, até o último ano de vigência deste PNE.*
>
> *[...]*
>
> *Meta 5: alfabetizar todas as crianças, no máximo, até o final do 3º (terceiro) ano do ensino fundamental.*
>
> *Meta 6: oferecer educação em tempo integral em, no mínimo, 50% (cinquenta por cento) das escolas públicas, de forma a atender, pelo menos, 25% (vinte e cinco por cento) dos(as) alunos(as) da educação básica.*
>
> *Meta 7: fomentar a qualidade da educação básica em todas as etapas e modalidades, com melhoria do fluxo escolar e da aprendizagem, de modo a atingir as seguintes médias nacionais para o Ideb: 6,0 nos anos iniciais do ensino fundamental; 5,5 nos anos finais do ensino fundamental; 5,2 no ensino médio.* (Brasil, 2014b)

Conhecer as metas do PNE é o primeiro passo para poder acompanhar as definições no campo das políticas educacionais nas diversas regiões do Brasil. Conforme observamos nas metas elencadas, a universalização do ensino, a alfabetização na idade certa, a educação em tempo integral e a melhoria do Índice de Desenvolvimento da Educação Básica (Ideb) são algumas prioridades do ensino fundamental. De acordo com informações do *site* do Instituto Nacional de Estudos e Pesquisas Educacionais Anísio Teixeira (Inep):

O Índice de Desenvolvimento da Educação Básica (Ideb) foi criado pelo Inep em 2007 e representa a iniciativa pioneira de reunir em um só indicador dois conceitos igualmente importantes para a qualidade da educação: fluxo escolar e médias de desempenho nas avaliações. Ele agrega ao enfoque pedagógico dos resultados das avaliações em larga escala do Inep a possibilidade de resultados sintéticos, facilmente assimiláveis, e que permitem traçar metas de qualidade educacional para os sistemas. O indicador é calculado a partir dos dados sobre aprovação escolar, obtidos no Censo Escolar, e médias de desempenho nas avaliações do Inep, o Saeb – para as unidades da federação e para o país, e a Prova Brasil – para os municípios. (Itapetininga, 2014)

Podemos dizer que existem relações entre o desenvolvimento de políticas educacionais e o das práticas pedagógicas realizadas nas escolas; embora elas não ocorram de forma linear, são mediadas por diversos fatores. A qualidade da educação não é apenas um produto obtido por meio de avaliações externas como o Ideb, que ocorre a cada dois anos. Cada escola tem seus desafios, dependendo do contexto em que está inserida. As políticas educacionais promovem impactos na qualidade da educação ofertada, os quais estão relacionados às mudanças que podem impulsionar melhorias no cotidiano escolar.

Importante!

A busca da verdadeira qualidade da educação é uma ação realizada em cada escola com vistas à garantia da aprendizagem dos alunos.

Com base nas metas do PNE, são desenvolvidos estratégias, políticas e programas educacionais específicos. Citamos aqui mais um exemplo: o Pacto Nacional de Alfabetização na Idade Certa (PNAIC). De acordo com informações do *site* do MEC (Brasil,

2016c): "O Pacto Nacional pela Alfabetização na Idade Certa é um compromisso formal assumido pelos governos federal, do Distrito Federal, dos estados e municípios de assegurar que todas as crianças estejam alfabetizadas até os oito anos de idade, ao final do 3º ano do ensino fundamental". A implantação do PNAIC em diversas localidades brasileiras significa investimentos no campo da formação dos professores alfabetizadores, cuidados com o material didático e recursos a serem utilizados, número de alunos adequado em sala de aula, entre outros aspectos.

São, portanto, várias as políticas educacionais desenvolvidas na atualidade voltadas ao ensino fundamental. Mencionamos algumas delas neste capítulo, como a municipalização, a ampliação do ensino fundamental obrigatório para nove anos, os ciclos de aprendizagem, a educação em tempo integral, o Ideb, o Fundeb e o PNAIC, embora existam muitas outras a serem abordadas.

Síntese

Neste capítulo, tratamos um pouco do ensino fundamental, etapa da educação básica com nove anos de obrigatoriedade. Abordamos aspectos como constituição, legislação específica, funcionamento, duração, oferta, demanda, currículo, metodologia e políticas educacionais.

Como demonstramos, o ensino fundamental se constitui no maior período de inserção de crianças e jovens na escola, daí sua grande importância como base dos conhecimentos desenvolvidos no campo da língua portuguesa (alfabetização e letramento), matemática, história, geografia, ciências, arte e educação física.

No campo da definição das políticas educacionais, destacamos o Plano Nacional de Educação (PNE), o Índice de Desenvolvimento da Educação Básica (Ideb), o Fundo de Manutenção e Desenvolvimento da Educação Básica e de Valorização dos Profissionais da Educação (Fundeb), o Pacto Nacional pela Alfabetização na Idade Certa (PNAIC) e as políticas de correção de fluxo, como os ciclos de aprendizagem. De modo geral, as políticas educacionais são ferramentas para gerar aperfeiçoamentos na área educacional que podem desempenhar papéis favoráveis ou limitadores no desenvolvimento de práticas voltadas à melhoria da qualidade na educação, dependendo dos sujeitos que as manipulam.

Esperamos ter contribuído, mesmo sem esgotar o assunto, para a construção de um panorama geral a respeito dessa etapa tão importante da educação básica, como o próprio termo indica: o ensino *fundamental*.

Indicações culturais

Artigo

> MICHETTI, M. Entre a legitimação e a crítica: as disputas acerca da Base Nacional Comum Curricular. **Revista Brasileira de Ciências Sociais**, v. 35, n. 102, p. 1-19, 2020. Disponível em: <https://www.scielo.br/j/rbcsoc/a/7NZC9VwjKWZKMv4SPQmTXPJ/?format=pdf&lang=pt>. Acesso em: 8 dez. 2022.

Há algumas críticas a serem feitas à Base Nacional Comum Curricular (BNCC). Nesse sentido, recomendamos a leitura do artigo de Michetti (2020, p. 2), que

> *se debruça sobre o espaço social no qual a BNCC foi definida, bem como sobre as estratégias de legitimação, consensualização e concertação discursiva estabelecidas pelos agentes que*

buscavam instituí-la, com foco na atuação de fundações e institutos familiares e empresariais. A centralidade de tais organizações será um dos alvos das diversas críticas advindas de outros agentes implicados na disputa, as quais também são analisadas no texto.

Filme

A VOZ do coração. Direção: Christophe Barratier. França: Miramax Films/Playarte, 2004. 96 min.

Esse filme pode auxiliar na reflexão sobre o papel do professor, os valores e sentimentos envolvidos no ato de educar. Não trata de uma prática pedagógica específica ou de um método de ensino, mas da importância da postura ética por parte do professor.

Vídeo

KRAMER, S.; BAPTISTA, M. C. Educação infantil e ensino fundamental. **Univesp**, 11 jan. 2013. 30 min. Disponível em: <https://www.youtube.com/watch?v=9SMozv6LgJ8>. Acesso em: 8 dez. 2022.

Nessa palestra é discutida a articulação entre a educação infantil e o ensino fundamental.

Atividades de autoavaliação

1. Um dos aspectos importantes a serem considerados na organização do ensino é o tempo de duração de cada uma das etapas da educação básica. A esse respeito, de acordo com a Lei de Diretrizes e Bases da Educação Nacional – LDBEN (Lei n. 9.394/1996), alterada pela Lei n. 11.274/2006, a duração do ensino fundamental na atualidade é de:
   a) oito anos: quatro de duração do primeiro segmento (anos iniciais) e quatro de duração do segundo segmento (anos finais).

b) nove anos: quatro de duração do primeiro segmento (anos iniciais) e cinco de duração do segundo segmento (anos finais).
c) seis anos: matrícula obrigatória a partir dos 7 anos de idade para todas as crianças que residem na zona urbana e que têm escolas próximas de sua casa.
d) nove anos: cinco de duração do primeiro segmento (anos iniciais) e quatro de duração do segundo segmento (anos finais).

2. De acordo com a Lei de Diretrizes e Bases da Educação Nacional – LDBEN (Lei n. 9.394/1996), a organização do ensino fundamental deve levar em consideração, entre outros aspectos legais, a definição dos dias letivos e da carga horária anual necessária. Também existe uma definição específica a respeito do ensino religioso. Assinale a alternativa correta em relação a essas definições.

Dias letivos	Horas anuais	Ensino religioso
a) 200	720 horas	Facultativo para a escola e também para o aluno, que pode escolher se quer ou não cursar a disciplina.
b) 190	750 horas	Facultativo para o aluno, que pode escolher se quer ou não cursar a disciplina.
c) 180	790 horas	Facultativo para a escola, que pode ou não ofertar a disciplina, de acordo com sua realidade.
d) 200	800 horas	Obrigatório para a escola e facultativo para o aluno, que pode escolher entre cursar ou não a disciplina.

3. A avaliação da aprendizagem dos alunos é um aspecto extremamente importante do processo de ensino e aprendizagem. Sobre essa avaliação da educação básica no ensino fundamental, é correto afirmar:

   a) Deve ser classificatória, registrando a média entre as notas que o aluno alcançou nas provas das diferentes disciplinas. Assim, a avaliação classifica alunos bons, medianos e fracos.
   b) Deve ser contínua e cumulativa, prevalecendo os aspectos qualitativos sobre os quantitativos. Assim, é valorizada a qualidade do que se aprende.
   c) Deve detectar o nível de aprendizagem dos alunos para valorizar aqueles que apresentam o melhor desempenho. É a lógica da meritocracia, tão valorizada no mundo atual, especialmente no mercado de trabalho.
   d) É apenas um aspecto burocrático, com a finalidade do registro das notas e de retorno para as famílias dos estudantes por meio de pareceres ou boletins. Esse retorno é um momento formal garantido no calendário escolar ao final dos bimestres ou trimestres.

4. A educação básica é composta de educação infantil, ensino fundamental e ensino médio. Todas essas etapas são importantes para a formação do aluno e têm conteúdos específicos a serem trabalhados. Analise as proposições a seguir a respeito do ensino fundamental, segunda etapa da educação básica.

   I. É composto por oito anos, compreendendo duas fases. A primeira fase corresponde do 1º ao 4º ano e a segunda, do 5º ao 8º ano de ensino.

II. Tem sua importância relacionada à alfabetização e ao letramento dos alunos, bem como, de modo geral, ao acesso às bases de matemática, história, geografia, ciências, arte e educação física.

III. Sua oferta deve ser obrigatória e gratuita a partir dos 4 anos de idade. Portanto, é responsabilidade do Estado (governo) ofertar essa etapa da educação básica para toda a população em idade escolar.

IV. Acesso, permanência e qualidade são três aspectos essenciais a serem pensados criticamente no que se refere às políticas educacionais voltadas para o ensino fundamental. Nenhum desses aspectos é mais importante do que o outro, portanto, devem ser sempre articulados.

Agora, assinale a alternativa que apresenta as afirmações corretas:

a) I e II.
b) II e III.
c) II e IV.
d) III e IV.

5. A definição dos conteúdos a serem ensinados no ensino fundamental de nove anos é de competência dos sistemas de ensino, mas, para subsidiar essa definição, é preciso levar em consideração alguns documentos e a legislação educacional pertinente. Identifique essas normas nos itens a seguir.

I. Constituição Federal de 1988 e Lei de Diretrizes e Bases da Educação Nacional (LDBEN).

II. Plano Nacional de Educação (PNE).

III. Diretrizes Curriculares Nacionais (DCN) para o Ensino Superior.
IV. Propostas pedagógicas das respectivas Secretarias de Educação e projetos político-pedagógicos das instituições de ensino.
V. Orientações e planos de ação elaborados e colocados em prática por organizações não governamentais (ONGs).

Agora, assinale a alternativa que apresenta as afirmações corretas:

a) I e III.
b) II e V.
c) I, II e IV.
d) I, II e V.

Atividades de aprendizagem

Questões para reflexão

1. O art. 62 da Lei de Diretrizes e Bases da Educação Nacional – LDBEN (Lei n. 9.394/1996) indica que a formação de professores para atuar na educação infantil e nos anos iniciais do ensino fundamental deve ocorrer preferencialmente no nível superior, admitindo-se, ainda, a formação em nível médio. Entretanto, além de uma formação inicial sólida e de qualidade, também é necessária a formação continuada dos professores. Você sabe o que é formação continuada? Pesquise sobre o assunto e registre as conclusões a que chegou.

2. Atualmente, há vários problemas no ensino fundamental, entre os quais podemos listar a evasão escolar, o analfabetismo funcional, as reprovações nos sistemas de ensino ainda seriados e a falta de estrutura nas escolas de várias localidades do país. Quais têm sido as medidas no campo das políticas educacionais para enfrentar esses problemas? Retome a leitura do capítulo e consulte outras fontes para elaborar sua resposta.

Atividade aplicada: prática

1. Faça uma visita a uma escola de ensino fundamental e procure conhecer sua dinâmica e conversar com os profissionais (professores, pedagogos, direção e funcionários). Pergunte a respeito dos desafios enfrentados no cotidiano escolar e peça para conhecer o projeto político-pedagógico da instituição.

4.

Ensino médio e profissionalizante no Brasil

Neste capítulo, vamos abordar o ensino médio – terceira e última etapa da educação básica. Também analisaremos o ensino profissionalizante, que, embora não ocorra apenas no nível médio, está historicamente relacionado a ele.

O ensino médio ocorre após os nove anos obrigatórios do ensino fundamental e, de acordo com a legislação educacional atual, até 2016 deveria ser universalizado para jovens entre 15 e 17 anos de idade. No entanto, durante muito tempo, não houve preocupação por parte das políticas públicas em relação à universalização dessa etapa do ensino.

Também demonstraremos que, muitas vezes, não há clareza quanto à função desse nível de ensino, principalmente com relação às concepções e práticas pedagógicas desenvolvidas. De certa forma, podemos afirmar que existem diferentes modelos historicamente atribuídos ao ensino médio: profissionalizante, propedêutico ou formativo. Esses modelos convivem em constantes disputas. No decorrer do capítulo, ressaltaremos a categoria *dualidade estrutural* como marca do ensino médio que se desenvolve no Brasil com caráter dual e elitista.

O ensino médio atende basicamente uma população de adolescentes e jovens e, portanto, é necessário que a reflexão sobre essa etapa do ensino considere as demandas relacionadas a esse público, suas angústias, seus desejos e suas possibilidades no contexto da sociedade capitalista em que está inserido.

4.1
Ensino médio e sua relação com o ensino profissionalizante

Iniciamos nossa reflexão sobre o ensino médio trazendo à tona a discussão sobre sua função e procurando entender como essa etapa do ensino evoluiu historicamente. De forma geral,

> *o ensino médio no Brasil foi construído sob a marca da seletividade (um ensino para poucos) e [...] seu objetivo central sempre foi a preparação para o ingresso no nível superior (caráter propedêutico), objetivo refletido em conteúdos curriculares desvinculados da realidade concreta da população brasileira, na separação entre teoria e prática e em metodologias de ensino que valorizavam a memorização e a postura passiva do aluno.* (Pinto, 2007b, p. 52)

Para entender o ensino médio, precisamos estabelecer relações com o contexto do qual ele faz parte, ou seja, a sociedade capitalista. Lembramos aqui, novamente, que se trata de um modo de produção da vida humana baseado, sobretudo, na luta entre classes sociais antagônicas e contraditórias, mas socialmente dependentes. Trata-se de um sistema social que, ao gerar a vida (produção social e coletiva dos bens materiais e culturais necessários à sobrevivência), gera também a pobreza, a desigualdade, a marginalidade. Foi nesse contexto que se originou a escola do modo como a conhecemos na atualidade. Vejamos, a partir de agora, algumas determinações que a sociedade capitalista contemporânea traz para o âmbito específico do ensino médio.

A explanação sobre o assunto inicia pela reflexão a respeito das funções educativas dos diferentes níveis e etapas de ensino. De acordo com Cury (1998, p. 74), não há dúvidas sobre o caráter formativo do ensino fundamental: "Dele se esperam os fundamentos da língua materna, a introdução às ciências naturais e sociais e a aprendizagem básica da aritmética, dentro de um clima de socialização escolar". Também o ensino superior tem historicamente sua função reconhecida: "a de propiciar a qualificação prévia à habilitação profissional, quer junto ao mercado (no qual muitas profissões gozam de reserva de mercado), quer junto às instituições de ensino, pesquisa ou de prestação de serviços, ligadas, via de regra, ao apoio e à oferta de serviço público" (Cury, 1998, p. 74). Assim, a função profissionalizante do ensino superior é indiscutível, bem como a função formativa do ensino fundamental. Até a educação infantil – que, conforme vimos no Capítulo 2, historicamente não teve muita relevância no campo das políticas governamentais no Brasil – atualmente tem estabelecida sua função de cuidar das crianças pequenas e educá-las, considerando-se uma base metodológica que contemple o lúdico na aprendizagem, visando desenvolver as potencialidades da criança nessa faixa etária.

E como seria definida a **função do ensino médio**? Para que ele serve?

Seguindo o raciocínio de Cury (1998, p. 75), esse nível de ensino expressa um momento em que se cruzam elementos como idade, competência, mercado de trabalho e proximidade da maioridade civil, e, nesse sentido, "ele expõe um nó das relações sociais no Brasil, manifestando seu caráter dual e elitista, através mesmo das funções que lhes são historicamente atribuídas: a função formativa, a propedêutica e a profissionalizante".

Conforme ainda expõe Cury (1998, p. 75), o ensino médio é, muitas vezes, visto com um "nó" na estrutura do nosso sistema de ensino, pois não se consegue definir com exatidão sua função, como se ficasse prensado entre o ensino fundamental e o ensino superior, estes, sim, com funções bem definidas. Por muito tempo, foi até mesmo chamado de *ensino secundário*, o que pode fazer parecer que está relegado a um segundo plano.

Ao recorrer à história da educação brasileira, compreendemos que o ensino médio nasceu e se desenvolveu com uma estrutura dual e elitista. **Dual**, pois sempre refletiu claramente a divisão social reproduzida no campo da educação – para alguns, a classe trabalhadora destinava-se à profissionalização estrita e terminal (aqueles que não continuariam a estudar após a conclusão do ensino médio); para outros, seria apenas um trampolim para o ensino superior, preparando-os para o vestibular. Nesse contexto, o ensino médio desenvolveu-se historicamente como **elitista**, pois poucos são aqueles que conseguem ter acesso a ele, destinado, muitas vezes, às classes mais abastadas, ou seja, à elite.

No campo da legislação educacional atual, a Lei de Diretrizes e Bases da Educação Nacional (LDBEN) – Lei n. 9.394, de 20 de dezembro de 1996 (Brasil, 1996a) – estabelece o ensino médio como etapa final da educação básica, afirmando sua identidade com a função formativa. Isso pode ser considerado positivo, pois a lei não aponta o ensino médio apenas como um nível preparatório para o vestibular ou para o mercado de trabalho. A respeito da LDBEN e de seu papel na definição da função do ensino médio, Cury (1998, p. 81-82, grifo do original) ressalta:

> *A própria LDB reconhece o* ***potencial formativo*** *do ensino médio, ao considerá-lo aprofundamento e complemento do ensino fundamental, de modo a se chegar a uma socialização plena do indivíduo. Nesse caso, o estudante poderá defrontar-se com valores e fazer opções conscientes no âmbito da cidadania. O ensino médio ganha, na lei, a perspectiva mais*

ampla de fazer da função formativa a condição das outras funções. O ensino médio é reconhecido como tendo dignidade própria.

A **dimensão propedêutica** se mantém tendo em vista que o ensino superior é uma demanda seletiva e significativa por parte de jovens que querem se profissionalizar pela via universitária e se capacitar para o exercício de profissões no mercado. Considerando-se a possibilidade de um ensino terminal, a função profissionalizante continua tão ou mais forte que antes, dadas as significativas alterações nos processos produtivos.

Vamos tentar entender melhor as três funções historicamente atribuídas ao ensino médio?

1. **Função propedêutica**: entende que o ensino médio tem a função de preparar os alunos para o vestibular, com conteúdos voltados para o ingresso nos cursos superiores, geralmente com caráter de memorização.
2. **Função profissionalizante**: entende que o ensino médio deve preparar para o ingresso no mercado de trabalho, promovendo a profissionalização dos estudantes em campos específicos para a atuação profissional.
3. **Função formativa**: entende que o ensino médio tem função em si mesmo, não apenas para preparar para o mercado de trabalho ou para o vestibular, mas desenvolve o ensino de conhecimentos específicos, importantes para o jovem dessa faixa etária, buscando sua formação omnilateral, ou seja, em todas as suas dimensões, uma formação plena.

Conhecidas as três funções atribuídas ao ensino médio, cabe ressaltar que, em diferentes momentos históricos, cada uma delas teve maior hegemonia, ou seja, foi mais forte nas práticas desenvolvidas. Também é importante refletir sobre o fato de que não se trata de uma simples escolha entre funções diferentes, pois a constituição histórica de cada momento interfere nas possibilidades a serem visualizadas pelos jovens. Como destaca Cury (1998, p. 82),

> *Essas três funções não podem ser tomadas pelos estudantes como opções de sua vontade. As nossas vontades conscientes, já diziam os clássicos do século XIX, são bem mais determinadas por estruturas econômico-sociais do que se poderia supor. Além disto, elas dependem do grau de abertura dos sistemas políticos e também do grau de democratização das políticas educacionais em termos de opções a serem eleitas.*

Buscaremos, então, conhecer como o ensino médio é apresentado na LDBEN e de que forma ele se organiza atualmente com relação ao ensino profissionalizante.

A LDBEN indica, de modo geral, dois eixos voltados à formação profissional: um articulado com o ensino regular e outro vinculado aos ambientes de trabalho. A seguir, transcrevemos os artigos da lei que fazem referência a essa questão:

> *Art. 40. A educação profissional será desenvolvida em articulação com o ensino regular ou por diferentes estratégias de educação continuada, em instituições especializadas ou no ambiente de trabalho.*
>
> *Art. 41. O conhecimento adquirido na educação profissional, inclusive no trabalho, poderá ser objeto de avaliação, reconhecimento e certificação para prosseguimento ou conclusão de estudos.* (Brasil, 1996a)

A respeito da relação do ensino médio com o ensino profissionalizante, conforme o que é previsto na LDBEN, Pinto (2007b, p. 59-60) esclarece que

> *o ensino médio poderá preparar o educando para o exercício das profissões técnicas desde que atendida a formação geral e [...] os diferentes cursos do ensino médio terão equivalência legal e habilitarão para o prosseguimento dos estudos. Esclarece ainda (art. 36, § 4º) que a habilitação profissional poderá desenvolver-se nos estabelecimentos de ensino médio ou em cooperação com instituições especializadas em educação profissional (como o Senai, por exemplo).*

Portanto, a LDBEN indica que deve haver articulação entre a formação geral e a preparação básica para o trabalho e

> *enfatiza a ideia de preparação geral para o trabalho e cria a possibilidade de profissionalização desde que a formação geral do aluno seja atendida. A LDBEN é extremamente genérica e não estabelece condições ou regras para que a profissionalização ocorra. A educação profissional foi regulamentada inicialmente pelo decreto n. 2.208/1997.* (Bruel, 2010, p. 186)

Sobre o Decreto n. 2.208, de 17 de abril de 1997 (Brasil 1997a), Bruel (2010, p. 187) elabora uma crítica, afirmando que apresentou um retrocesso na área do ensino profissional:

> *Esse decreto era um claro retrocesso em relação ao ensino profissional, uma volta aos princípios estabelecidos pelas reformas do ensino das décadas de 1930 e 1940, tanto pela forma como foi concebido quanto pelo conteúdo. Foram criados três níveis: básico, técnico e tecnológico. Os níveis técnico e tecnológico estão respectivamente ligados aos ensinos médio e superior, compondo o sistema de ensino regular. Já o nível básico, pode ser oferecido independentemente de qualquer escolaridade anterior ou concomitante, não precisa estar sobre controle público, não há previsão de orientação curricular, carga horária mínima e profissionais especializados para ministrar os cursos, configurando-se explicitamente como uma política pobre para pobres.*

É importante entender que o Decreto n. 2.208/1997 se inseria no contexto do neoliberalismo e das políticas de reestruturação produtiva do capitalismo na década de 1990[1]. Nesse contexto, é possível perceber a submissão das políticas públicas voltadas para a qualificação profissional desenvolvidas no Brasil às orientações de organismos internacionais, como o Banco Mundial. Dessa forma, a criação de diferentes níveis de graduação no campo dos cursos de formação profissional (básico, técnico e tecnológico) visaria atender às necessidades do mercado de trabalho, negando uma concepção de currículo voltada à formação integral do aluno, que o ensinasse a pensar criticamente, a entender o mundo do qual faz parte, possibilitando sua inserção consciente na lógica produtiva.

O Decreto n. 2.208/1997 foi revogado pela aprovação do Decreto n. 5.154, de 23 de julho de 2004 (Brasil, 2004a). A esse respeito, Bruel (2010, p. 188) destaca:

> *A sua revogação e a aprovação do Decreto n. 5.154/2004, por seu conteúdo e não pela forma autoritária de normatização, representaram uma conquista significativa dos setores governamentais e da sociedade civil que defendem a democratização da educação e a integração entre ensino médio e profissional.*

Assim, com relação à educação profissionalizante e sua articulação com o ensino médio, Bruel (2010) destaca a importância do Decreto n. 5.154/2004, apontando possibilidades para o desenvolvimento de políticas educacionais que apresentem

1 De acordo com Fiori (1998, p. 212), "do ponto de vista rigorosamente essencial, não há nenhuma diferença entre o velho e o novo liberalismo. Antes, como agora, a tese central dos liberais segue sendo a mesma". O autor identifica três pontos que caracterizam as permanências no plano do debate filosófico e doutrinário do liberalismo: (1) "o menos de Estado e de política possível"; (2) "a defesa intransigente do individualismo"; e (3) o discurso da "igualdade social", como "igualação de oportunidades ou condições iniciais igualizadas para todos" (Fiori, 1998, p. 212-213).

comprometimento com a educação ofertada para a maioria da população – as camadas trabalhadoras. Esse comprometimento estaria voltado à possibilidade de uma formação técnica e científica articulada, integrada, em uma perspectiva emancipadora. De acordo com a autora:

> *Dessa forma, a reorientação da educação profissional apresentada pelo Decreto n. 5.154/2004 e a necessidade da sua integração ao ensino médio apresentam um novo rumo e novas possibilidades para a realização de políticas públicas que estabeleçam como horizonte de formação humana uma concepção de educação emancipadora, com base científica e tecnológica, que busque a formação técnica e política defendida e requerida pela escola unitária.* (Bruel, 2010, p. 188)

A autora se refere à possibilidade de desenvolvimento de uma escola unitária. Mas o que é uma *escola unitária*? Acreditamos que esse conceito é fundamental para visualizar um ensino médio que, de fato, atenda às necessidades da maioria da população, que não separe teoria e prática, atividade intelectual e manual, trabalho e vida. Para esse entendimento, trazemos algumas informações sobre o conceito de *escola unitária*, que tem sua base na obra de Antônio Gramsci, filósofo italiano marxista que viveu entre 1891 e 1937.

Convidamos você a conhecer um pouco sobre Gramsci e sua compreensão a respeito da educação.

A questão da educação assume papel de destaque na obra do filósofo italiano Antônio Gramsci*, tanto em sua dimensão individual quanto na coletiva, dada sua importância na luta política pela organização da cultura da classe trabalhadora. Para Gramsci, a apropriação da verdadeira cultura, aquela que nos torna capazes de compreender a totalidade das relações sociais, econômicas e políticas em que estamos inseridos, é instrumento indispensável para a transformação da sociedade. Assim, a revolução cultural está intimamente relacionada à possibilidade de uma revolução social.

De modo geral, no conjunto de sua obra, Gramsci reivindica uma escola que atenda à maioria da população, uma escola de liberdade e livre iniciativa que não limite o futuro das crianças e jovens, levando à escravidão de empregos mecânicos e alienados. Para o filósofo, é importante uma escola que forme operários-homens em vez de operários-máquinas. Ele propõe uma escola unitária, que seja profissional e humanista, ao mesmo tempo que forme homens diferentes, que não sejam homens de casos específicos, de uma única atividade, mas que sejam homens completos.

A escola proposta por Gramsci – escola unitária – não cabia à sociedade de sua época, nem seria possível de realizar em qualquer sociedade. Trata-se de uma escola para uma sociedade diferente, mais justa, com relações sociais e econômicas mais igualitárias. A escola gramsciana só é possível em uma organização social diferenciada, pois a escola, como qualquer outra instituição, reflete as relações sociais em que está inserida. Em um entendimento dialético, seria possível dizer que a escola, por si só, não tem a capacidade de transformar a sociedade da qual faz parte, mas contém em si um germe de transformação, pois é um dos locais onde a classe trabalhadora poderia imbuir-se dos conhecimentos científicos, da cultura geral, que lhes têm sido historicamente desapropriados. Apenas a apropriação dessa cultura geral, desse conhecimento científico e elaborado, permitiria à classe dominada atuar de forma mais articulada em seu meio, compreendendo a totalidade das relações sociais que a cercam.

* Para saber mais sobre a obra de Gramsci, sugerimos a leitura das obras de Lajolo (1982) e Manacorda (1990).

Portanto, Gramsci desenvolveu suas ideias tendo o trabalho como princípio educativo. O trabalho em sentido ontológico, como constituinte do ser humano, e não o trabalho alienado e alienante, sob a forma do emprego assalariado inserido na sociedade capitalista. As ideias de Gramsci deveriam ser revisitadas na atualidade para se pensar, discutir e propor um ensino médio que se paute na proposta de uma educação emancipadora.

Ressaltamos que, mais recentemente, o Parecer CNE/CEB n. 11/2012 referente à educação profissional técnica de nível médio deu origem à Resolução n. 6, de 20 de setembro de 2012 (Brasil, 2012f), que define as Diretrizes Curriculares Nacionais (DCN) para a educação profissional técnica de nível médio atualmente válidas:

> *Trata-se, especificamente, da definição de novas orientações para as instituições educacionais e sistemas de ensino, à luz das alterações introduzidas na LDB pela Lei n. 11.741/2008, no tocante à Educação Profissional e Tecnológica, com foco na Educação Profissional Técnica de Nível Médio, também definindo normas gerais para os cursos e programas destinados à formação inicial e continuada ou qualificação profissional, bem como para os cursos e programas de especialização técnica de nível médio, na perspectiva de propiciar aos trabalhadores o contínuo e articulado desenvolvimento profissional e consequente aproveitamento de estudos realizados no âmbito dos cursos técnicos de nível médio organizados segundo a lógica dos itinerários formativos.* (Brasil, 2013c, p. 204)

Na direção de um ensino profissionalizante amplo e politécnico, as novas DCN para a educação profissional técnica de nível médio procuram superar a visão de política assistencialista que apenas se justifique pela adequação às demandas do mercado de trabalho. Mais do que isso, buscam que os cidadãos tenham acesso aos avanços científicos e tecnológicos da sociedade. A educação profissional não deve estar relacionada à ideia restrita de preparação apenas para executar tarefas preestabelecidas, mas ir além do domínio operacional, voltando-se para a compreensão do processo produtivo como um todo.

Após a aprovação do Plano Nacional de Educação (PNE), o Ensino Médio passou por inúmeras modificações em sua legislação, como medidas provisórias[2], portarias[3], pareceres[4] e resoluções[5] do Ministério da Educação (MEC), o que também ocasionou modificações em sua organização curricular.

Em particular daremos destaque à Lei n. 13.415, de 16 de fevereiro de 2017 (Brasil, 2017a), que

> *altera as Leis n. 9.394, de 20 de dezembro de 1996, que estabelece as diretrizes e bases da educação nacional, e 11.494, de 20 de junho 2007, que regulamenta o Fundo de Manutenção e Desenvolvimento da Educação Básica e de Valorização dos Profissionais da Educação, a Consolidação das Leis do Trabalho – CLT, aprovada pelo Decreto-Lei n. 5.452, de 1º de maio de 1943, e o Decreto-Lei n. 236, de 28 de fevereiro de 1967; revoga a Lei n. 11.161, de 5 de*

---

2 **Medida provisória**: "é um instrumento normativo que possui força de lei, editado pelo presidente da república para tratar de assunto que possua caráter de urgência" (Medida Provisória, 2022, grifo do original).

3 **Portaria**: "trata-se de um instrumento normativo infralegal utilizado pela Administração Pública direta e indireta", o "qual pode possuir modalidade geral, especial, interna ou externa. São utilizadas para determinar o cumprimento de uma instrução ou de várias simultâneas" (Portaria, 2022).

4 **Parecer**: "trata-se do documento onde se é apresentada a análise realizada sobre um caso, situação, fato ou opinião técnica sobre um ato, projeto, processo ou relatório" (Parecer, 2022).

5 **Resolução**: "É uma espécie normativa emanada do Poder Legislativo que regula as matérias de competência privativa do Senado Federal e da Câmara dos Deputados" (Resolução, 2009).

agosto de 2005; e institui a Política de Fomento à Implementação de Escolas de Ensino Médio em Tempo Integral.

A Lei n. 13.415/2017 alterou vários artigos da LDBEN, o que mudou sensivelmente a oferta e a organização do ensino médio. No entanto, várias portarias e resoluções foram publicadas entre os anos de 2018 e 2021 com vistas a regulamentar o novo ensino médio. No Quadro 4.1, destacamos as principais portarias e resoluções publicadas.

Quadro 4.1 – Portarias e resoluções que regulamentam o novo ensino médio

Portarias	Resoluções
Portaria n. 649/2018 Institui o Programa de Apoio ao Novo Ensino Médio e estabelece diretrizes, parâmetros e critérios para participação.	**Resolução CNE/CEB n. 03/2018** Atualiza as Diretrizes Curriculares Nacionais para o Ensino Médio.
Portaria n. 1.432/2018 Estabelece os referenciais para elaboração dos itinerários formativos conforme preveem as Diretrizes Nacionais do Ensino Médio.	**Resolução CNE/CP n. 4/2018** Institui a Base Nacional Comum Curricular na Etapa do Ensino Médio (BNCC-EM), como etapa final da Educação Básica, nos termos do artigo 35 da LDB, completando o conjunto constituído pela BNCC da Educação Infantil e do Ensino Fundamental, com base na Resolução CNE/CP n. 2/2017, fundamentada no Parecer CNE/CP n. 15/2017.
Portaria n. 331/2018 Institui o Programa de Apoio à Implementação da Base Nacional Comum Curricular – ProBNCC e estabelece diretrizes, parâmetros e critérios para sua implementação.	**Resolução FNDE n. 17/2020** Estabelece os procedimentos para a transferência de recursos para fomento à implantação de escolas de ensino médio em tempo integral nas redes públicas dos estados e do Distrito Federal.

(continua)

(Quadro 4.1 – conclusão)

PORTARIAS	RESOLUÇÕES
Portaria n. 1.024/2018 Define as diretrizes do apoio financeiro por meio do Programa Dinheiro Direto na Escola às unidades escolares pertencentes às Secretarias participantes do Programa de Apoio ao Novo Ensino Médio, instituído pela Portaria MEC n. 649, de 10 de julho de 2018, e às unidades escolares participantes da avaliação de impacto do Programa de Fomento às Escolas de Ensino Médio em Tempo Integral – EMTI, instituída pela Portaria MEC n. 1.023, de 4 de outubro de 2018.	**Resolução FNDE n. 21/2018** Destina recursos financeiros, nos moldes operacionais e regulamentares do Programa Dinheiro Direto na Escola, a escolas públicas estaduais e distritais, a fim de apoiar a implementação do Novo Ensino Médio e a realização da avaliação de impacto do Programa de Fomento às Escolas de Ensino Médio em Tempo Integral.
Portaria n. 2.116/2019 Estabelece novas diretrizes, novos parâmetros e critérios para o Programa de Fomento às Escolas de Ensino Médio em Tempo Integral-EMTI, em conformidade com a Lei n. 13.415, de 16 de fevereiro de 2017.	**Resolução CNE/CP n. 01/2021** Define as Diretrizes Curriculares Nacionais Gerais para a Educação Profissional e Tecnológica.
Portaria n. 521/2021 Institui o Cronograma Nacional de Implementação do Novo Ensino Médio.	
Portaria n. 733/2021 Institui o Programa Itinerários Formativos.	

Fonte: Brasil, 2021.

4.2
Ensino médio e questões curriculares

Considerando as reflexões já realizadas sobre as funções historicamente atribuídas ao ensino médio, partimos agora para a discussão a respeito de seu currículo, ou seja, das definições sobre os conteúdos (componentes curriculares) que devem ser abordados nessa etapa da educação básica, bem como da metodologia de ensino.

Vejamos o que indica a LDBEN sobre as definições curriculares:

> *Quanto aos currículos, a LDB determina que estes devem ter uma base nacional comum, a ser completada, em cada sistema de ensino e estabelecimento escolar, por uma parte diversificada ajustada às condições e clientelas locais. Elas devem abranger, obrigatoriamente, o estudo da língua portuguesa e da matemática, o conhecimento do mundo físico e natural e da realidade social e política (Art. 26). Especificamente quanto ao ensino médio, os currículos devem destacar a educação tecnológica básica, a compreensão do significado da ciência, das letras e das artes; o processo histórico de transformação da sociedade e da cultura; a língua portuguesa como instrumento da comunicação, acesso ao conhecimento e exercício da cidadania.* (Pinto, 2007b, p. 58)

Além dos elementos elencados, a LDBEN estabelece como diretriz para o ensino médio a necessidade de domínio dos conhecimentos de filosofia e sociologia relacionados ao exercício da cidadania.

No campo do currículo do ensino médio, é importante também conhecer as Diretrizes Curriculares Nacionais para o Ensino Médio (DCNEM), postas pelo Parecer CNE/CEB n. 5, de 4 de maio de 2011 (Brasil, 2012a), que, por sua vez, gerou a Resolução n. 2, de 30 de janeiro de 2012 (Brasil, 2012d). De acordo com essas diretrizes:

> *Tendo em vista que a função precípua da educação, de um modo geral, e do Ensino Médio– última etapa da Educação Básica – em particular, vai além da formação profissional, e atinge a construção da cidadania, é preciso oferecer aos nossos jovens novas perspectivas culturais para que possam expandir seus horizontes e dotá-los de autonomia intelectual, assegurando-lhes o acesso ao conhecimento historicamente acumulado e à produção coletiva de novos conhecimentos, sem perder de vista que a educação também é, em grande medida, uma chave para o exercício dos demais direitos sociais.* (Brasil, 2012a)

O Capítulo I, art. 7º, das DCNEM (Brasil, 2012d) apresenta como deve ser a organização curricular: com uma base nacional comum e uma parte diversificada que não devem constituir blocos distintos, mas um todo integrado. Essa organização busca garantir tanto conhecimentos e saberes comuns necessários a todos os estudantes quanto uma formação que considere a diversidade e as características locais e especificidades regionais. Na sequência, o art. 8º apresenta a organização do currículo em áreas do conhecimento: linguagens, matemática, ciências da natureza e ciências humanas.

Moehlecke (2012, p. 53) apresenta uma breve reflexão no que se refere às diferenças entre as novas DCNEM (Brasil, 2012d) e o documento anterior[6] – Parecer CEB n. 15, de 1º de junho de 1998 (Brasil, 1998a):

> *As novas DCNEM apontam como seu objetivo central possibilitar a definição de uma grade curricular mais atrativa e flexível, capaz de atrair o aluno para o ensino médio e combater a repetência e a evasão. Nessa direção, sugere-se uma estrutura curricular que articule uma base unitária com uma parte diversificada, que atenda à multiplicidade de interesses dos jovens.*

Alguns dos avanços apontados por Moehlecke (2012) dizem respeito à possibilidade de educação em tempo integral, no caso do ensino diurno, e à ênfase em um currículo que integre a formação de nível médio à formação profissional. A autora também ressalta que,

> *se, por um lado, as DCNEM-2011 não trazem novidades em relação à organização curricular do ensino médio, por outro é nítida a mudança na linguagem e nos referenciais teóricos presentes no documento aprovado, indicando uma sintonia entre o texto das novas diretrizes e as principais críticas realizadas às antigas diretrizes.* (Moehlecke, 2012, p. 54)

Em que pesem as discussões a respeito das definições curriculares postas atualmente para o ensino médio, cabe a todos os profissionais da educação comprometidos com um ensino de qualidade discutir, nas escolas, quais os reais objetivos dessa etapa da educação básica, os conteúdos mais significativos em termos de

---

6 Para conhecer a versão das DCNEM de 1998, recomendamos a leitura do Parecer CEB n. 15/1998 (Brasil, 1998a).

definições curriculares e as metodologias mais adequadas para o desenvolvimento de práticas pedagógicas emancipadoras. A discussão pedagógica precisa estar articulada com as discussões no plano mais amplo das políticas educacionais elaboradas e desenvolvidas na atualidade. É dessa temática que trataremos na próxima seção deste capítulo.

Antes de iniciarmos tal temática, no entanto, analisaremos brevemente a recente aprovação da Medida Provisória n. 746, de 22 de setembro de 2016 (Brasil, 2016a), e suas principais modificações em relação ao ensino médio. A aprovação da medida surpreendeu as instituições representativas do magistério em todo o país e foi muito questionada pela maneira que foi implementada, tendo em vista o impacto nas futuras gerações. A medida provisória tem força de lei a partir da data de sua publicação, com um prazo de até 120 dias para aprovação no Congresso.

Vamos aos principais destaques da Medida Provisória n. 746/2016:

- o governo propõe mudanças que visam à ampliação das atuais 800 horas anuais para um total de 1.400 horas, ampliadas gradativamente na tentativa de implementar o ensino médio integral, o que resultará em uma jornada diária mínima de 7 horas;
- prevê um currículo flexibilizado com ênfase nas áreas de linguagens, matemática, ciências da natureza, ciências humanas e formação técnica profissional;

- as disciplinas de Artes e de Educação Física serão obrigatórias somente na educação infantil e no ensino fundamental, não mais no ensino médio;
- as áreas de linguagens e de matemática serão obrigatórias em toda a duração do curso.

Toda essa reformulação do ensino médio foi estruturada por meio da Base Nacional Comum Curricular (BNCC), que seguiu as orientações da Medida Provisória n. 746/2016, passando a possibilitar aos alunos escolherem disciplinas de seu interesse. Algumas críticas ao documento apontaram que essa possibilidade parece não levar em consideração as principais necessidades dos cidadãos para uma vida em sociedade. O principal aspecto da formação para a cidadania não deve ser a preparação profissional para a ocupação de funções de menor interesse social, mas uma formação que permita análise, reflexão, formação de conceitos e tomada de decisão na vida pessoal e profissional.

As críticas ainda ressaltam que provavelmente a ênfase nas áreas de linguagens e de matemática busca melhorar as notas dos alunos em avaliações nacionais e internacionais sem, necessariamente, haver preocupação com uma formação ampla para a cidadania, que oportunize a reflexão contínua sobre conhecimentos que permitiriam a análise das políticas sociais e econômicas em andamento no país. Portanto, reforçamos a necessidade de acompanhar, ativa e criticamente, o desenvolvimento das discussões que se travam a respeito das modificações propostas e implementadas para o ensino médio na atualidade. Assim, apresentamos a seguir algumas das principais definições da BNCC para o ensino médio, sendo: as áreas do conhecimento e os itinerários formativos.

A partir da Lei n. 13.415/2017, que alterou vários artigos da LDBEN, foram aprovadas a Resolução n. 3, de 21 de novembro de 2018 (Brasil, 2018a), que atualiza as DCNEM, e a Resolução n. 4, de 17 de dezembro de 2018 (Brasil, 2018b), que institui a BNCC para o ensino médio, como etapa final da educação básica, nos termos do art. 35 da LDBEN, completando o conjunto constituído pela BNCC da educação infantil e do ensino fundamental, com base na Resolução CNE/CP n. 2, de 22 de dezembro de 2017 (Brasil, 2017b), fundamentada no Parecer CNE/CP n. 15, de 15 de dezembro de 2017 (Brasil, 2017c).

Com a aprovação dessas resoluções, houve uma sensível modificação na matriz curricular do ensino médio, que passou a ter a seguinte organização:

> *Art. 11. A formação geral básica é composta por competências e habilidades previstas na Base Nacional Comum Curricular (BNCC) e articuladas como um todo indissociável, enriquecidas pelo contexto histórico, econômico, social, ambiental, cultural local, do mundo do trabalho e da prática social, e deverá ser organizada por áreas de conhecimento:*
>
> *I – linguagens e suas tecnologias;*
>
> *II – matemática e suas tecnologias;*
>
> *III – ciências da natureza e suas tecnologias;*
>
> *IV – ciências humanas e sociais aplicadas.* (Brasil, 2018a, p. 5-6)

Figura 4.1 – Competências gerais da educação básica: ensino médio

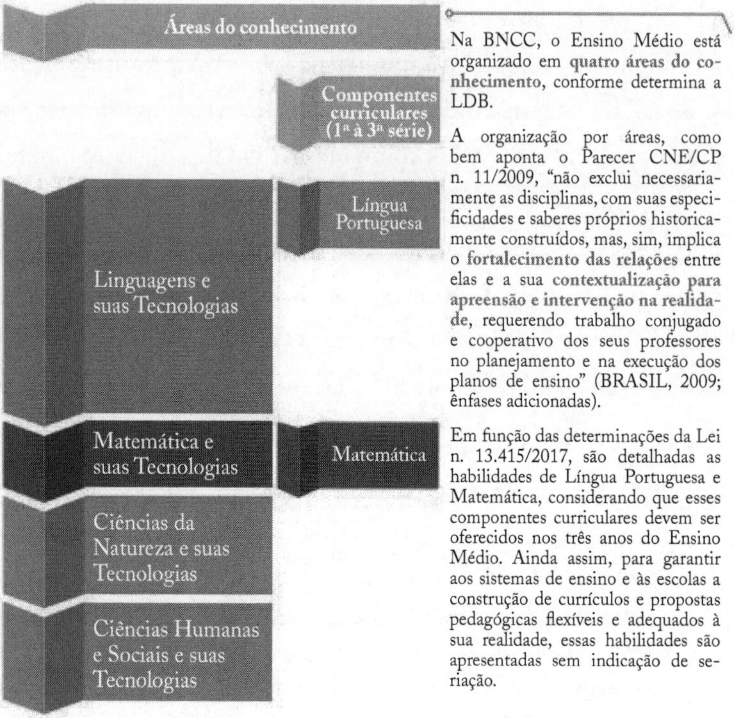

Áreas do conhecimento
Componentes curriculares (1ª à 3ª série)
Linguagens e suas Tecnologias
Língua Portuguesa
Matemática e suas Tecnologias
Matemática
Ciências da Natureza e suas Tecnologias
Ciências Humanas e Sociais e suas Tecnologias
Na BNCC, o Ensino Médio está organizado em **quatro áreas do conhecimento**, conforme determina a LDB.
A organização por áreas, como bem aponta o Parecer CNE/CP n. 11/2009, "não exclui necessariamente as disciplinas, com suas especificidades e saberes próprios historicamente construídos, mas, sim, implica o **fortalecimento das relações** entre elas e a sua **contextualização para apreensão e intervenção na realidade**, requerendo trabalho conjugado e cooperativo dos seus professores no planejamento e na execução dos planos de ensino" (BRASIL, 2009; ênfases adicionadas).
Em função das determinações da Lei n. 13.415/2017, são detalhadas as habilidades de Língua Portuguesa e Matemática, considerando que esses componentes curriculares devem ser oferecidos nos três anos do Ensino Médio. Ainda assim, para garantir aos sistemas de ensino e às escolas a construção de currículos e propostas pedagógicas flexíveis e adequados à sua realidade, essas habilidades são apresentadas sem indicação de seriação.

Fonte: Brasil, 2022a, p. 32, grifo do original.

> *Art. 9º Os currículos do Ensino Médio devem ser compostos, indissociavelmente, por formação geral básica e por itinerários formativos, nos termos da Resolução CNE/CEB n. 3/2018, que atualiza as Diretrizes Curriculares Nacionais para o Ensino Médio (BNCC-EM).* (Brasil, 2018b, p. 6)

A BNCC para o ensino médio modificou o currículo, que tem agora a seguinte composição: formação geral básica de 1.800 horas, com o desenvolvimento de competências e habilidades articulado a itinerários formativos de até 1.200 horas, organizado com base nas áreas do conhecimento e da formação técnica e profissional.

> *Art. 12. A partir das áreas do conhecimento e da formação técnica e profissional, os itinerários formativos devem ser organizados, considerando:*
>
> *I - linguagens e suas tecnologias: aprofundamento de conhecimentos estruturantes para aplicação de diferentes linguagens em contextos sociais e de trabalho, estruturando arranjos curriculares que permitam estudos em línguas vernáculas, estrangeiras, clássicas e indígenas, Língua Brasileira de Sinais (LIBRAS), das artes, design, linguagens digitais, corporeidade, artes cênicas, roteiros, produções literárias, dentre outros, considerando o contexto local e as possibilidades de oferta pelos sistemas de ensino;*
>
> *II - matemática e suas tecnologias: aprofundamento de conhecimentos estruturantes para aplicação de diferentes conceitos matemáticos em contextos sociais e de trabalho, estruturando arranjos curriculares que permitam estudos em resolução de problemas e análises complexas, funcionais e não lineares, análise de dados estatísticos e probabilidade, geometria e topologia, robótica, automação, inteligência artificial, programação, jogos digitais, sistemas dinâmicos, dentre outros, considerando o contexto local e as possibilidades de oferta pelos sistemas de ensino;*
>
> *III - ciências da natureza e suas tecnologias: aprofundamento de conhecimentos estruturantes para aplicação de diferentes conceitos em contextos sociais e de trabalho, organizando arranjos curriculares que permitam estudos em astronomia, metrologia, física geral, clássica, molecular,*

quântica e mecânica, instrumentação, ótica, acústica, química dos produtos naturais, análise de fenômenos físicos e químicos, meteorologia e climatologia, microbiologia, imunologia e parasitologia, ecologia, nutrição, zoologia, dentre outros, considerando o contexto local e as possibilidades de oferta pelos sistemas de ensino;

IV - ciências humanas e sociais aplicadas: aprofundamento de conhecimentos estruturantes para aplicação de diferentes conceitos em contextos sociais e de trabalho, estruturando arranjos curriculares que permitam estudos em relações sociais, modelos econômicos, processos políticos, pluralidade cultural, historicidade do universo, do homem e natureza, dentre outros, considerando o contexto local e as possibilidades de oferta pelos sistemas de ensino;

V - formação técnica e profissional: desenvolvimento de programas educacionais inovadores e atualizados que promovam efetivamente a qualificação profissional dos estudantes para o mundo do trabalho, objetivando sua habilitação profissional tanto para o desenvolvimento de vida e carreira, quanto para adaptar-se às novas condições ocupacionais e às exigências do mundo do trabalho contemporâneo e suas contínuas transformações, em condições de competitividade, produtividade e inovação, considerando o contexto local e as possibilidades de oferta pelos sistemas de ensino. (Brasil, 2018a, p. 6-7)

Figura 4.2 – Estrutura do novo ensino médio

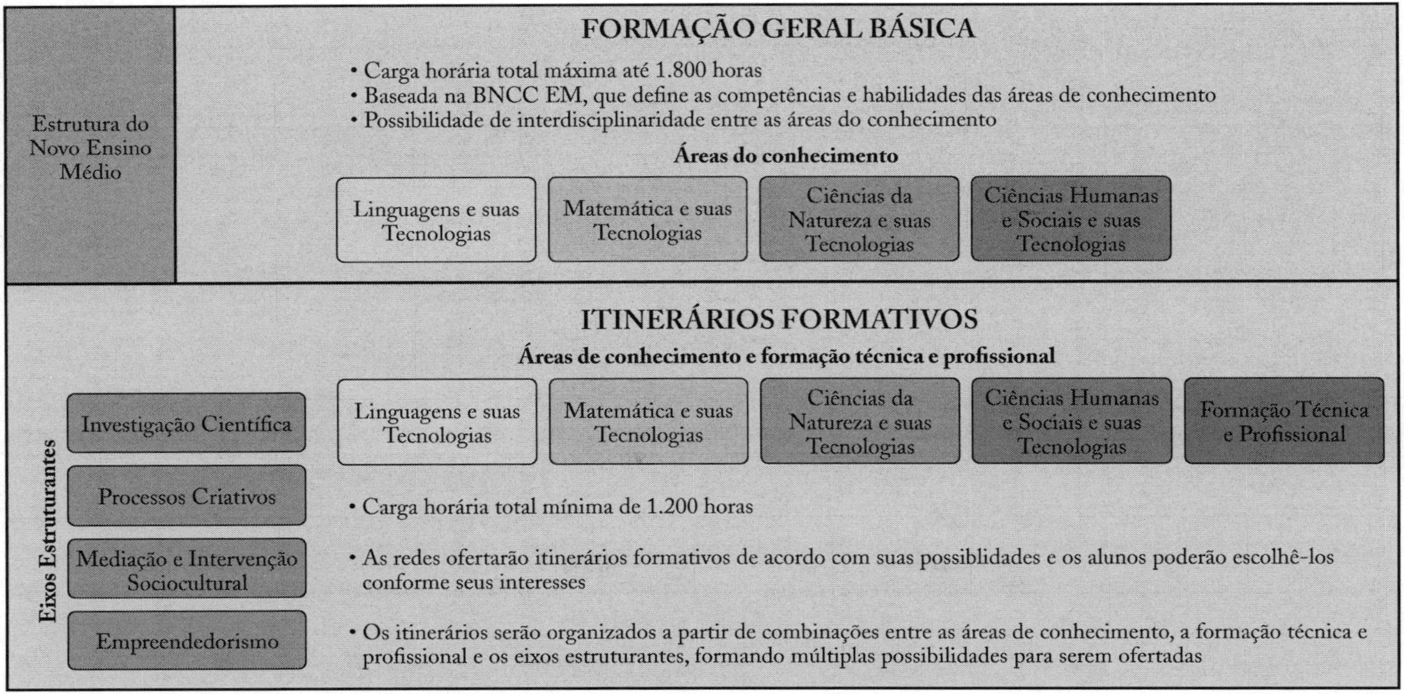

Estrutura do Novo Ensino Médio
FORMAÇÃO GERAL BÁSICA
• Carga horária total máxima até 1.800 horas
• Baseada na BNCC EM, que define as competências e habilidades das áreas de conhecimento
• Possibilidade de interdisciplinaridade entre as áreas do conhecimento
Áreas do conhecimento
Linguagens e suas Tecnologias
Matemática e suas Tecnologias
Ciências da Natureza e suas Tecnologias
Ciências Humanas e Sociais e suas Tecnologias
ITINERÁRIOS FORMATIVOS
Áreas de conhecimento e formação técnica e profissional
Linguagens e suas Tecnologias
Matemática e suas Tecnologias
Ciências da Natureza e suas Tecnologias
Ciências Humanas e Sociais e suas Tecnologias
Formação Técnica e Profissional
Eixos Estruturantes
Investigação Científica
Processos Criativos
Mediação e Intervenção Sociocultural
Empreendedorismo
• Carga horária total mínima de 1.200 horas
• As redes ofertarão itinerários formativos de acordo com suas possiblidades e os alunos poderão escolhê-los conforme seus interesses
• Os itinerários serão organizados a partir de combinações entre as áreas de conhecimento, a formação técnica e profissional e os eixos estruturantes, formando múltiplas possibilidades para serem ofertadas

Fonte: Educação Já!, 2022, p. 14.

Ao longo da trajetória escolar, os discentes deverão realizar um **itinerário formativo**, que poderá passar por um único eixo estruturante ou, se possível, pelos quatro eixos. Os eixos estruturantes dos itinerários formativos são:

> *4.1. Investigação Científica*
>
> *Este eixo tem como ênfase ampliar a capacidade dos estudantes de investigar a realidade, compreendendo, valorizando e aplicando o conhecimento sistematizado, por meio da realização de práticas e produções científicas relativas a uma ou mais Áreas de Conhecimento, à Formação Técnica e Profissional, bem como a temáticas de seu interesse.*
>
> *[...]*
>
> *4.2. Processos Criativos*
>
> *Este eixo tem como ênfase expandir a capacidade dos estudantes de idealizar e realizar projetos criativos associados a uma ou mais Áreas de Conhecimento, à Formação Técnica e Profissional, bem como a temáticas de seu interesse.*
>
> *[...]*
>
> *4.3. Mediação e Intervenção Sociocultural*
>
> *Este eixo tem como ênfase ampliar a capacidade dos estudantes de utilizar conhecimentos relacionados a uma ou mais Áreas de Conhecimento, à Formação Técnica e Profissional, bem como a temas de seu interesse para realizar projetos que contribuam com a sociedade e o meio ambiente.*
>
> *[...]*
>
> *4.4. Empreendedorismo*
>
> *Este eixo tem como ênfase expandir a capacidade dos estudantes de mobilizar conhecimentos de diferentes áreas para empreender projetos pessoais ou produtivos articulados ao seu projeto de vida.* (Brasil, 2019b)

Assim, conclui-se que a BNCC (Brasil, 2022a) apresenta o conjunto de competências específicas e habilidades para o ensino médio e reafirma as competências gerais da educação básica, com a pretensão de subsidiar os sistemas de ensino e as escolas a construírem currículos e propostas pedagógicas diversificados. Cabe aos educadores e à sociedade em geral acompanhar a implementação desse documento e solicitar as alterações necessárias para que este venha a atender as reais necessidades da educação brasileira. Lembramos que as leis e as políticas educacionais precisam ser constantemente revistas e aprimoradas para cumprir seu papel de garantir a qualidade do ensino no país.

4.3
Ensino médio e profissionalizante no campo das políticas educacionais

A história da educação brasileira evidencia que o ensino médio nunca foi prioridade no campo das políticas educacionais desenvolvidas. Tal fato se deve a vários motivos, entre os quais destacamos a necessidade de investimentos no ensino fundamental, as poucas verbas destinadas ao ensino médio e o desenvolvimento desse nível de ensino atrelado à área da educação privada, mediante a oferta de cursos profissionalizantes e de cursinhos pré-vestibulares. Conforme Bruel (2010, p. 179): "A análise das políticas públicas para o ensino médio no Brasil indica que esse nível de ensino sempre esteve à margem das prioridades estabelecidas pelos governos centrais, que relegaram a sua expansão e manutenção à iniciativa privada e aos estados federativos".

A respeito da oferta do ensino médio, a Constituição Federal (Brasil, 1988) apresenta papel importante, o qual indica, desde o final da década de 1980, a necessidade de expandir o atendimento nesse campo.

> *Em sua redação original, a CF de 1988 estabelecia que o dever do Estado com a educação escolar pública seria efetivado mediante a garantia de "progressiva extensão da obrigatoriedade e gratuidade ao ensino médio"* (Art. 208, inciso II). Isto significa uma posição de universalização do ensino médio por parte do legislador constituinte. (Pinto, 2007b, p. 52)

A LDBEN reforça o entendimento da Constituição Federal quando, em seu art. 4º, que se refere ao dever do Estado, indica a progressiva extensão da obrigatoriedade e gratuidade ao ensino médio. Entretanto, além dos aspectos legais, é interessante constatar que

> *o que fez avançar de forma impressionante as matrículas no ensino médio, nos últimos anos, foi a pressão social dos jovens e de suas famílias, decorrente de exigências crescentes de certificação do mercado de trabalho e de um salutar anseio de continuidade dos estudos, associadas à melhoria nas taxas de conclusão do ensino fundamental.* (Pinto, 2007b, p. 53)

Afinal, com a universalização do ensino fundamental, era previsto que mais estudantes, ao concluir essa etapa da educação básica, tivessem vontade de prosseguir com seus estudos, aumentando-se, assim, a demanda por vagas no ensino médio. Isso também serviu de incentivo para que o ensino privado explorasse esse nicho de mercado. A respeito da oferta do ensino médio pelo setor privado, Pinto (2007b, p. 53) esclarece que *a CF e a LDB asseguram o direito de sua oferta pela rede privada desde que esta cumpra as normas gerais da educação nacional, seja autorizada e receba avaliação de qualidade por parte do poder público e possua capacidade de autofinanciamento, reservados os casos previstos em lei das instituições confessionais, comunitárias e filantrópicas.*

No campo do ensino público, a responsabilidade pela oferta do ensino médio ficou delegada, principalmente, aos sistemas estaduais, cabendo à União a função de "assegurar a equalização das oportunidades educacionais entre as diferentes regiões do país e de garantir um padrão mínimo de qualidade do ensino mediante assistência técnica e financeira" (Pinto, 2007b, p. 53).

Outro aspecto fundamental é o conhecimento da organização do ensino médio, que envolve questões como a definição da carga horária, as formas de progressão dos alunos e a avaliação da aprendizagem. Sobre essa questão, Pinto (2007b, p. 57) afirma:

> *O ensino médio, como parte da educação básica, deve obedecer a normas comuns a esta e outras que lhe são específicas. Assim, a carga horária anual mínima é de 800 horas distribuídas por um mínimo de 200 dias de efetivo trabalho escolar. A duração mínima é de três anos. Como no ensino fundamental, admite-se a organização em séries anuais, períodos semestrais ou por ciclos. Nos estabelecimentos que adotam a progressão regular por série, pode-se admitir formas de progressão parcial, desde que obedecida a regulamentação do respectivo sistema de ensino (federal, estadual ou municipal). A avaliação do desempenho do aluno deve ser contínua e cumulativa, com prevalência dos aspectos qualitativos sobre os quantitativos.*

Sobre a formação de professores para o ensino médio, segundo o art. 62 da LDBEN, para atuar no ensino médio, a formação deve ocorrer em nível superior, em curso de licenciatura de graduação plena. Ainda nesse quesito, é preciso discutir os incentivos para que os jovens escolham a profissão do magistério, pois sabemos que a demanda por professores no Brasil é grande, mas a profissão nem sempre é valorizada, o que tem gerado muita desistência nesse campo. A questão do financiamento da educação no ensino médio também é preocupante, já que não é possível oferecer uma educação de qualidade sem investimentos. A respeito do financiamento, a LDBEN não estabelece uma diretriz específica, conforme ressalta Pinto (2007b, p. 62):

> *Quanto ao financiamento, a lei não estabelece uma diretriz específica para este nível de ensino. O único postulado que a ele se refere encontra-se no Art. 11, inciso V, que determina que os municípios que eventualmente mantiverem estabelecimentos de ensino médio (ou superior) deverão fazê-lo com recursos acima dos percentuais mínimos vinculados pela Constituição Federal à manutenção e desenvolvimento do ensino.*

Todavia, de acordo com a LDBEN, o ensino médio "deve ser mantido prioritariamente pelos estados, com a ação suplementar da União, visando [...] assegurar um padrão mínimo de qualidade e uma equalização entre as regiões do país" (Pinto, 2007b, p. 62).

Um instrumento importante na definição das políticas educacionais para os próximos dez anos é o PNE. A respeito do ensino médio, a Meta 3 do PNE estabelece: "universalizar, até 2016, o atendimento escolar para toda a população de 15 (quinze) a 17 (dezessete) anos e elevar, até o final do período de vigência deste PNE, a taxa líquida de matrículas no ensino médio para 85% (oitenta e cinco por cento)" (Brasil, 2014b).

Dois aspectos chamam a atenção na Meta 3 do PNE. Em primeiro lugar, a **definição da idade** da população a ser atendida, o que indica a necessidade de garantir o acesso do aluno à escola e, como consequência, a universalização dessa etapa da educação básica até 2016. Esse aspecto representa um avanço, mas também um limite quando consideramos a idade, e não a faixa etária. Isso significa que alguns estudantes podem, por motivos diversos, estar fora da idade-série correta e com idade superior àquela dita como obrigatória para concluir a educação básica. Esse aspecto precisa ser considerado na definição das políticas educacionais voltadas ao ensino médio.

Em segundo lugar está a questão da **permanência do aluno** no ensino médio. A universalização da educação nessa etapa da educação básica também exige que se garanta a qualidade do ensino ofertado, o que, por sua vez, entre outros aspectos, exige investimento financeiro.

> *O atual PNE propicia muitas perspectivas para a educação brasileira e, entre elas, destacam-se a universalização do ensino médio, o seu desenvolvimento com qualidade, a garantia de um currículo condizente com os progressos científicos e tecnológicos e com as perspectivas dos jovens brasileiros, o envolvimento da sociedade no acompanhamento do Plano e, como consequência, a democratização da gestão da educação. Trata-se de perspectivas, mas também de desafios, já que a história da educação no Brasil também mostra retrocessos históricos como a visível desigualdade social e com ela a não totalidade de jovens brasileiros matriculados no ensino médio.* (Czernisz, 2014, p. 528-529)

Conhecer as metas do atual PNE – Lei n. 13.005, de 25 de junho de 2014 (Brasil, 2014a) – é o primeiro passo para a luta por sua efetivação; porém, além do conhecimento do PNE, é necessário buscar coletivamente sua implementação. Para tanto, é fundamental a participação efetiva nos momentos ou espaços de debate e discussão sobre a elaboração e a implementação das políticas educacionais, no campo do ensino médio, bem como em outros níveis e etapas de ensino. Entre esses momentos, destacamos a necessidade de participação nos conselhos estaduais e municipais de educação, assim como em órgãos que historicamente têm fomentado o debate sobre as políticas públicas, como o Fórum Nacional em Defesa da Escola Pública e a Confederação Nacional dos Trabalhadores em Educação (CNTE), para citar apenas alguns.

Quanto às políticas educacionais no campo do ensino médio, o Programa Ensino Médio Inovador (Brasil, 2013b) objetiva melhorar a qualidade do ensino, superar as desigualdades de oportunidades e universalizar o acesso e a permanência nessa etapa, dando apoio técnico e financeiro aos estados. De acordo com Moehlecke (2012, p. 45), o propósito central do programa é

> *superar a dualidade do ensino médio, definindo-lhe uma nova identidade integrada, na qual se incorporem seu caráter propedêutico e seu caráter de preparo para o trabalho. Quer-se estimular a reorganização curricular da escola, de modo a superar a fragmentação do conhecimento, reforçando-se a flexibilização do currículo e desenvolvendo uma articulação interdisciplinar, por áreas de conhecimento, com atividades integradoras definidas com base nos quatro eixos constitutivos do ensino médio – trabalho, ciência, tecnologia e cultura. Desse modo, propõe-se um currículo organizado não apenas em torno de disciplinas, mas também de ações, situações e tempos diversos, assim como de espaços intra e extraescolares, para realização de atividades que favoreçam a iniciativa, a autonomia e o protagonismo social dos jovens.*

Outra política do Ministério da Educação (MEC) que merece destaque é o Exame Nacional do Ensino Médio (Enem), que apresenta as seguintes funções:

- **avaliação sistêmica**, pois é base para a formulação de políticas públicas;
- **avaliação certificatória**, pois pode aferir conhecimentos para quem estava fora da escola;
- **avaliação classificatória**, pois possibilita acesso ao ensino superior pelo Sistema Unificado de Seleção (Sisu).

A esse respeito, Moehlecke (2012, p. 46) ressalta:

> *Por meio da Portaria n. 109/2009, o ENEM tem seus objetivos ampliados, conforme consta do art. 2º:*
>
> I - *oferecer uma referência para que cada cidadão possa proceder à sua autoavaliação com vistas às suas escolhas futuras, tanto em relação ao mundo do trabalho quanto em relação à continuidade de estudos;*
>
> II - *estruturar uma avaliação ao final da educação básica que sirva como modalidade alternativa ou complementar aos processos de seleção nos diferentes setores do mundo do trabalho;*
>
> III - *estruturar uma avaliação ao final da educação básica que sirva como modalidade alternativa ou complementar a processos seletivos de acesso aos cursos de educação profissional e tecnológica posteriores ao ensino médio e à educação superior;*
>
> IV - *possibilitar a participação e criar condições de acesso a programas governamentais;*
>
> V - *promover a certificação de jovens e adultos no nível de conclusão do ensino médio nos termos do art. 38, §§ 1º e 2º da lei n. 9.394/96 (LDB);*

VI - promover avaliação do desempenho acadêmico das escolas de ensino médio, de forma que cada unidade escolar receba o resultado global;

VII - promover avaliação do desempenho acadêmico dos estudantes ingressantes nas instituições de educação superior.

Com a retomada dos exames para a educação de jovens e adultos (EJA) em 2017, pelo Exame Nacional para Certificação de Competências de Jovens e Adultos (Encceja), a Portaria n. 468, de 3 de abril de 2017 (Brasil, 2017d), em seu art. 3º, define que os resultados do Enem deverão possibilitar:

I - a constituição de parâmetros para a autoavaliação do participante, com vistas à continuidade de sua formação e a sua inserção no mercado de trabalho;

II - a criação de referência nacional para o aperfeiçoamento dos currículos do ensino médio;

III - a utilização do Exame como mecanismo único, alternativo ou complementar para acesso à educação superior, especialmente a ofertada pelas instituições federais de educação superior;

IV - o acesso a programas governamentais de financiamento ou apoio ao estudante da educação superior;

V - a sua utilização como instrumento de seleção para ingresso nos diferentes setores do mundo do trabalho; e

VI - o desenvolvimento de estudos e indicadores sobre a educação brasileira. (Brasil, 2017d)

Os eixos estruturantes dos itinerários formativos citados no item 4.2 da Portaria 1.432/2018 também se aplicam à Formação Técnica e Profissional, ainda que tais habilidades sejam complementadas por habilidades básicas necessárias ao mundo do trabalho e por habilidades específicas das distintas ocupações, conforme previsto no Catálogo Nacional de Cursos Técnicos (CNCT) e na Classificação Brasileira de Ocupações – CBO (Brasil, 2019b).

A Educação Profissional e Tecnológica (EPT) está organizada no art. 39 da LDBEN, que foi reformulada pela Lei n. 11.741, de 16 de julho de 2008, a qual passou a integrar os diferentes níveis e modalidades de educação e as dimensões do trabalho, da ciência e da tecnologia.

> *Art. 39 [...]*
>
> *[...]*
>
> *§ 2o A educação profissional e tecnológica abrangerá os seguintes cursos:*
>
> *I - de formação inicial e continuada ou qualificação profissional;*
>
> *II - de educação profissional técnica de nível médio;*
>
> *III - de educação profissional tecnológica de graduação e pós-graduação.*

Até aqui, tratamos de diversos aspectos relacionados ao ensino médio na atualidade e encerramos este capítulo concluindo que as leis são ferramentas indispensáveis no campo da definição dos direitos da população de modo geral, mas é preciso um esforço ainda maior para que elas se concretizem, o que exige nosso conhecimento e acompanhamento constantes. Eis aqui alguns desafios a serem enfrentados: ampliação da oferta do ensino médio, garantindo sua universalização; aprimoramento da qualidade do ensino, o que exige repensar o currículo dessa etapa da educação básica; destinação de recursos financeiros suficientes para a implementação de um ensino de qualidade; e investimento na formação dos professores, bem como sua valorização em termos de carreira e desenvolvimento profissional.

Síntese

Conforme demonstramos neste capítulo, o ensino médio, última etapa da educação básica, desenvolveu-se historicamente no Brasil sob as marcas da dualidade estrutural e de um ensino elitista. No decorrer da história da educação brasileira, essa etapa da educação reproduziu a desigualdade entre as classes sociais, muitas vezes cindindo trabalho manual e intelectual, separando o ensino destinado às camadas trabalhadoras do ensino destinado às elites.

Na atualidade, muitos esforços têm sido realizados para rediscutir o currículo do ensino médio e sua função social, bem como para garantir o acesso de todos os jovens, entre 15 e 17 anos, a essa etapa de ensino. Nesse sentido, o PNE é um instrumento importante para nortear a elaboração de políticas educacionais que se destinem a implementar uma educação de qualidade.

Neste capítulo também apresentamos as definições da Base Nacional Comum Curricular (BNCC) para o ensino médio, as áreas de conhecimento e os itinerários formativos propostos.

Além disso, indicamos as relações entre o ensino médio e o ensino profissionalizante, direcionando nossa reflexão à necessidade de ultrapassar a profissionalização em sentido estrito e buscar a construção de um currículo voltado para a formação plena dos jovens que cursam essa etapa da educação básica.

Indicações culturais

Filme

PRO DIA nascer feliz. Direção: João Jardim. Brasil: Copacabana Filmes, 2007. 88 min.

Documentário sobre a escola brasileira e sua relação com os adolescentes. Destaque para o trecho em que é retratado um conselho de classe, em que se percebem diferentes posturas e entendimentos dos educadores em relação às problemáticas apresentadas pelos alunos. É uma reflexão crítica sobre o papel da escola na sociedade.

Vídeo

CONEXÃO Futura: ensino médio tradicional ou ensino médio profissionalizante? **Canal Futura**, 22 abr. 2015. 23 min. Disponível em: <https://www.youtube.com/watch?v=pAgStxeRVQU>. Acesso em: 8 dez. 2022.

Esse vídeo apresenta dados do Censo de 2014 sobre o ensino médio no Brasil. Além disso, trata dos motivos que fazem muitos alunos não concluírem essa etapa da educação básica, entre os quais está o currículo, muitas vezes, inadequado. Os palestrantes indicam que o caminho para melhorar o ensino médio está relacionado a um ensino significativo.

Atividades de autoavaliação

1. O ensino médio nem sempre teve sua função educativa bem definida e, em diferentes momentos históricos, algumas funções tiveram maior destaque, ou seja, foram mais evidentes nas práticas desenvolvidas. Sobre esse assunto, relacione as colunas A e B.

Coluna A	Coluna B
I. Função formativa	( ) Preparação para o ingresso no mercado de trabalho, para exercer uma profissão na sociedade.
II. Função profissionalizante	( ) Formação plena, acesso aos conhecimentos produzidos histórica e coletivamente pela humanidade.
III. Função propedêutica	( ) Não é uma função atribuída ao ensino médio, mas à educação infantil, no sentido de cuidar de crianças pequenas no lugar de suas famílias.
IV. Função assistencialista	( ) Preparação voltada para passar em concursos de vestibular, para o ingresso no ensino superior.

Agora, assinale a alternativa que apresenta a sequência correta:

a) II, I, IV e III.
b) I, II, IV e III.
c) III, I, IV e II.
d) IV, I, II e III.

2. O ensino médio é a última etapa da educação básica e tem sido bastante discutido na atualidade, em razão da indicação, no plano da lei, de sua obrigatoriedade a partir de 2016. Sobre essa etapa de ensino, analise as proposições.

I. Até o ano de 2016, o ensino médio deveria ser universalizado para atender todos os jovens entre 15 e 17 anos de idade.

II. Historicamente, o ensino médio tem uma função assistencialista de atender as pessoas mais carentes da população.

III. Atende basicamente uma população de jovens e adolescentes que não puderam cursar o ensino fundamental na idade correta. Os alunos que conseguiram concluir no tempo certo o ensino fundamental têm garantia de ingresso no ensino superior.

IV. Pode, na atualidade, se desenvolver articulado com o ensino profissionalizante, de forma integrada ou concomitante. Isso significa a possibilidade de o aluno concluir o ensino médio e um curso técnico específico.

Agora, assinale a alternativa que indica as afirmações corretas:

a) I e II.
b) II e III.
c) III e IV.
d) I e IV.

3. A Lei de Diretrizes e Bases da Educação Nacional – LDBEN (Lei n. 9.394/1996) apresenta indicações a respeito das definições curriculares para a organização do trabalho pedagógico no ensino médio. A respeito dessas definições, analise as proposições a seguir.

I. Quanto aos currículos, a LDBEN determina que devem ser totalmente diversificados, ajustados às condições e à clientela locais. Não existe a determinação de uma base comum nacional.

II. Os currículos devem abranger, se possível e não de forma obrigatória, o estudo da língua portuguesa e da matemática, o conhecimento do mundo físico e natural e da realidade social e política.

III. Os currículos devem abranger a educação tecnológica básica, a compreensão do significado de ciência, das letras e das artes.

IV. Os currículos devem destacar o processo histórico de transformação da sociedade e da cultura e a língua portuguesa como instrumento de comunicação, acesso ao conhecimento e exercício da cidadania.

Agora, assinale a alternativa que indica as afirmações corretas:

a) I e II.
b) III e IV.
c) I e III.
d) II e IV.

4. O Plano Nacional de Educação – PNE (2014-2024) apresenta, em sua Meta 3, definições a respeito da universalização do ensino médio. Essa meta tem por objetivo:

a) universalizar, até 2016, o atendimento escolar para toda a população de 15 a 17 anos.
b) elevar, até o final do período de vigência desse PNE, a taxa líquida de matrículas no ensino médio para 50%.
c) universalizar, até 2016, o atendimento escolar para toda a população de 12 a 16 anos.
d) elevar, até o final do período de vigência desse PNE, a taxa líquida de matrículas no ensino médio para 100%.

5. A Lei de Diretrizes e Bases da Educação Nacional – LDBEN (Lei n. 9.394/1996) estabelece normas referentes à carga horária, ao tempo de duração e à organização e progressão do ensino médio. Considerando esses aspectos, analise as proposições a seguir.

I. A carga horária anual mínima é de 800 horas distribuídas por um mínimo de 200 dias de efetivo trabalho escolar.

II. A duração mínima é de dois anos, sendo permitido excepcionalmente que o aluno curse o ensino médio em até cinco anos.

III. Assim como no ensino fundamental, no ensino médio admite-se a organização em séries anuais, períodos semestrais ou por ciclos.

IV. Nos estabelecimentos que adotam a progressão regular por série, não são permitidas formas de progressão parcial, mesmo que em conformidade com a regulamentação do respectivo sistema de ensino.

V. A avaliação do desempenho do aluno deve ser contínua e cumulativa, com prevalência dos aspectos qualitativos sobre os quantitativos. Portanto, o foco não é apenas memorizar conceitos sem sua aprendizagem significativa.

Agora, assinale a alternativa que indica as afirmações corretas:

a) I, II e III.
b) II, III e IV.
c) I, III e IV.
d) I, III e V.

Atividades de aprendizagem

Questões para reflexão

1. As funções historicamente relacionadas ao ensino médio são: propedêutica, formativa e profissionalizante. Na sua opinião, na atualidade, alguma dessas funções prevalece em relação às demais? Justifique.

2. A profissionalização no ensino médio é uma demanda importante para vários jovens que nele ingressam. Você considera adequada que a profissionalização ocorra nessa etapa da educação básica? Justifique sua resposta.

Atividade aplicada: prática

1. Se possível, vá até uma escola de ensino médio próxima à sua residência e solicite à direção permissão para assistir a um dia de aula. Elabore um relatório sobre a relação professor-aluno, a metodologia de ensino, a relação entre os alunos, os recursos tecnológicos utilizados nas aulas, a disposição das carteiras, entre outros aspectos que considerar relevantes.

5.

Modalidades de ensino da educação básica

Conforme discutimos nos capítulos anteriores, a organização do ensino no Brasil é dividida em dois grandes níveis de ensino: a educação básica e o ensino superior. A educação básica, com base na Lei de Diretrizes e Bases da Educação (LDBEN) – Lei n.9.394, de 20 de dezembro de 1996 (Brasil, 1996a) –, passou a ser estruturada por etapas e modalidades de ensino. As etapas da educação básica são: educação infantil, ensino fundamental e ensino médio. Tratamos de cada uma delas nos Capítulos 2, 3 e 4, respectivamente[1].

Agora, neste último capítulo, abordaremos as modalidades de ensino da educação básica: educação especial, educação escolar indígena, educação de jovens e adultos (EJA), educação do campo, educação escolar quilombola e educação a distância (EaD).

Convidamos você, leitor(a), a nos acompanhar e refletir sobre a importância de cada uma dessas modalidades de ensino na educação brasileira atual.

5.1 Educação especial

A educação especial é uma modalidade considerada transversal a todos os níveis, etapas e modalidades de ensino. Isso significa que pode e deve ser desenvolvida desde a educação infantil até a educação superior, abrangendo a EJA, o ensino profissionalizante, a educação indígena e a educação do campo. É necessário que

1 Ressaltamos que a educação profissional também é considerada uma modalidade de ensino da educação básica, mas já foi analisada no Capítulo 4, em especial sua articulação com o ensino regular no ensino médio.

cada estabelecimento de ensino aborde a educação especial em seus projetos político-pedagógicos, com as respectivas formas de atendimento.

Por meio da educação especial são atendidos alunos com deficiências diversas (visual, auditiva, intelectual etc.), transtornos globais de desenvolvimento (TGD) e com altas habilidades/superdotação. De acordo com Sousa e Prieto (2007, p. 123), "tem-se previsto o 'especial' na educação referindo-se a condições que possam ser necessárias a alguns alunos para que se viabilize o cumprimento do direito de todos à educação".

Destacar o termo *especial* no campo da educação é importante para garantir a todos, independentemente das diferenças que possam existir entre as pessoas, o acesso ao ensino de qualidade. Essa ênfase é fundamental, visto que, na sociedade, esse direito não vem sendo historicamente garantido, o que torna imprescindível a criação de dispositivos legais que visem regulamentar as condições necessárias para a inclusão.

> *O "especial" refere-se às condições requeridas por alguns alunos que demandam, em seu processo de aprendizagem, auxílios ou serviços não comumente presentes na organização escolar. Caracterizam estas condições, por exemplo, a oferta de materiais e equipamentos específicos, a eliminação de barreiras arquitetônicas e de mobiliário, as de comunicação e sinalização e as de currículo, a metodologia adotada e, o que é fundamental, a garantia de professores especializados, bem como de formação continuada para o conjunto do magistério.* (Sousa; Prieto, 2007, p. 124-125)

A oferta da educação especial traz implícito o real comprometimento da sociedade com a garantia da educação de qualidade para toda a população, em especial para aqueles que necessitam que suas diferenças individuais sejam consideradas como elementos que podem condicionar o processo de ensino e aprendizagem. Essa demanda coloca para os sistemas de ensino uma grande responsabilidade no que se refere à organização dos tempos e espaços escolares, de forma a garantir que o princípio da equidade seja respeitado.

Por *equidade* entende-se dar a cada um, de acordo com suas necessidades, as condições essenciais para que todos possam atingir o objetivo pretendido. Em outras palavras, nem todas as pessoas têm o mesmo ponto de partida e as mesmas condições no início do processo educativo; portanto, cabe à escola e ao sistema (de forma mais ampla) a organização dos meios para dar a todos as mesmas oportunidades necessárias para aprender. Isso requer, muitas vezes, adaptar o percurso, flexibilizar o currículo, entender que os tempos de aprendizagem individuais são diferentes e que alguns necessitam de apoio específico nesse processo. Concordamos com Sousa e Prieto (2007, p. 124) quando afirmam:

> *O princípio norteador é a crença na possibilidade de desenvolvimento do ser humano, tratando-se as diferenças individuais como fatores condicionantes do processo de escolarização que precisam ser consideradas quando se tem o compromisso de educação para todos. Ou seja, é o compromisso de viabilização de uma educação de qualidade, como direito da população, que impõe aos sistemas escolares a organização de uma diversidade de recursos educacionais.*

Na área das políticas educacionais, em termos mundiais, é fundamental conhecer o que foi proposto pela Declaração de Salamanca (Unesco, 1994), na Conferência Mundial sobre Necessidades Especiais que aconteceu na Espanha, em 1994. Com base nesse documento, do qual o Brasil é signatário, passou-se a entender que as pessoas com necessidades especiais devem integrar o sistema educacional, rompendo-se, assim, com a segregação admitida até então em vários locais.

No Brasil, a LDBEN aborda a educação especial em seu Capítulo V. Vejamos a seguir o que diz seu art. 58 (Brasil, 1996a):

> *Art. 58 – Entende-se por educação especial, para os efeitos desta Lei, a modalidade de educação escolar oferecida preferencialmente na rede regular de ensino, para educandos com deficiência, transtornos globais do desenvolvimento e altas habilidades ou superdotação. (Redação dada pela Lei n. 12.796, de 2013)*
>
> *§ 1º Haverá, quando necessário, serviços de apoio especializado, na escola regular, para atender às peculiaridades da clientela de educação especial.*
>
> *§ 2º O atendimento educacional será feito em classes, escolas ou serviços especializados, sempre que, em função das condições específicas dos alunos, não for possível a sua integração nas classes comuns de ensino regular.*
>
> *§ 3º A oferta de educação especial, dever constitucional do Estado, tem início na faixa etária de zero a seis anos, durante a educação infantil. (Redação dada pela Lei n. 13.632, de 2018)*

Conforme podemos verificar, a lei diz que o atendimento aos alunos com alguma necessidade especial deve ocorrer, sempre que possível, integrado às classes de ensino regular desde a educação infantil, resguardado o direito aos serviços de apoio especializados.

Já o art. 59 da LDBEN trata das condições para a efetivação da educação especial:

> *Art. 59 – Os sistemas de ensino assegurarão aos educandos com deficiência, transtornos globais do desenvolvimento e altas habilidades ou superdotação: (Redação dada pela Lei n. 12.796, de 2013)*

I – currículos, métodos, técnicas, recursos educativos e organização específicos, para atender às suas necessidades;

II – terminalidade específica para aqueles que não puderem atingir o nível exigido para a conclusão do ensino fundamental, em virtude de suas deficiências, e aceleração para concluir em menor tempo o programa escolar para os superdotados;

III – professores com especialização adequada em nível médio ou superior, para atendimento especializado, bem como professores do ensino regular capacitados para a integração desses educandos nas classes comuns;

IV – educação especial para o trabalho, visando a sua efetiva integração na vida em sociedade, inclusive condições adequadas para os que não revelarem capacidade de inserção no trabalho competitivo, mediante articulação com os órgãos oficiais afins, bem como para aqueles que apresentam uma habilidade superior nas áreas artística, intelectual ou psicomotora;

V – acesso igualitário aos benefícios dos programas sociais suplementares disponíveis para o respectivo nível do ensino regular. (Brasil, 1996a)

Conhecer o que diz a LDBEN a respeito da educação especial é muito importante para os educadores de qualquer nível, etapa ou modalidade de ensino. Assim, a questão da inclusão poderá ser discutida nas escolas com responsabilidade social, ou seja, a inclusão da pessoa com deficiência ocorrerá por ser direito de todos como cidadãos e, principalmente, com todos os mecanismos e apoios necessários para garantir a aprendizagem significativa para o aluno.

Aqui é importante destacar algumas normas norteadores das políticas educacionais na área da educação especial: a Resolução n. 4, de 2 de outubro de 2009 (Brasil, 2009c); o Decreto n. 7.611, de 17 de novembro de 2011 (Brasil, 2011); a Lei n. 13.146, de 6 de julho de 2015 (Brasil, 2015a); e o documento "Orientações para Implementação da Política de Educação Especial na Perspectiva da Educação Inclusiva" (Brasil, 2015b).

A Resolução n. 4/2009 institui Diretrizes Operacionais para o Atendimento Educacional Especializado na Educação Básica, modalidade educação especial, e regulamenta todo o processo de matrículas e atendimento aos alunos.

O Decreto n. 7.611/2011 dispõe sobre a educação especial, o atendimento educacional especializado, além de dar outras providências. O art. 1º desse decreto indica as diretrizes para efetivar o dever do Estado com a educação do público-alvo da educação especial:

> *Art. 1º [...]*
>
> *I – garantia de um sistema educacional inclusivo em todos os níveis, sem discriminação e com base na igualdade de oportunidades;*
>
> *II – aprendizado ao longo de toda a vida;*
>
> *III – não exclusão do sistema educacional geral sob alegação de deficiência;*
>
> *IV – garantia de ensino fundamental gratuito e compulsório, asseguradas adaptações razoáveis de acordo com as necessidades individuais;*
>
> *V – oferta de apoio necessário, no âmbito do sistema educacional geral, com vistas a facilitar sua efetiva educação;*
>
> *VI – adoção de medidas de apoio individualizadas e efetivas, em ambientes que maximizem o desenvolvimento acadêmico e social, de acordo com a meta de inclusão plena;*

VII – oferta de educação especial preferencialmente na rede regular de ensino; e

VIII – apoio técnico e financeiro pelo Poder Público às instituições privadas sem fins lucrativos, especializadas e com atuação exclusiva em educação especial. (Brasil, 2011)

Portanto, visto que tratamos dos sistemas de ensino, cabe destacar que o Decreto n. 7.611/2011 propõe a construção de um sistema educacional inclusivo em todos os níveis de ensino, baseado na garantia das igualdades de oportunidades para todas as pessoas.

A Lei n.13.146/2015 institui a **Lei Brasileira de Inclusão da Pessoa com Deficiência (Estatuto da Pessoa com Deficiência)**, que visa assegurar e promover, em condições de igualdade, o exercício dos direitos e das liberdades fundamentais por pessoas com deficiência. Essa lei abrange aspectos da inclusão social e cidadania desses indivíduos e aborda, entre outras, questões de acessibilidade, tecnologia assistiva, elementos de urbanização, mobiliário, residências inclusivas, atendentes pessoais e profissionais de apoio escolar. Trata-se de uma legislação bastante importante, especialmente na busca da garantia do direito da pessoa com deficiência à igualdade de oportunidades em relação às demais pessoas e na repreensão a qualquer espécie de discriminação.

Para quem tiver interesse em aprofundar os estudos sobre a legislação no campo da educação especial, há, ainda, o documento "Orientações para Implementação da Política de Educação Especial na Perspectiva da Educação Inclusiva" (Brasil, 2015b), que apresenta um resgate do contexto histórico da construção da educação inclusiva no Brasil; mecanismos para a garantia do direito das pessoas com deficiência à educação inclusiva; programas e ações de apoio ao desenvolvimento inclusivo dos sistemas de ensino; documentos orientadores à implementação da política de educação inclusiva; política nacional de educação especial na perspectiva da educação inclusiva; e uma série de notas técnicas elaboradas no período de 2009 a 2015, que tratam de assuntos diversos no âmbito da educação especial.

Ressaltamos que a inclusão é um princípio educacional para todos aqueles que acreditam na educação como formação humana. Atualmente, esse princípio tem bastante aceitação no meio educacional e na sociedade de modo geral – até mesmo na mídia, uma vez que a televisão e os demais meios de comunicação têm se pronunciado a esse respeito. Porém, também sabemos que a inclusão precisa acontecer com responsabilidade, ou seja, com todo o arsenal necessário para que ocorra com qualidade: formação de professores, materiais adequados às necessidades educacionais, acessibilidade, financiamento, apoio especializado na escola, entre outros fatores. Apenas assim poderemos, de fato, considerar que temos um sistema educacional inclusivo. Lembramos aqui a fala de Saviani (1995, p. 17) a respeito da natureza do trabalho educativo:

> *O trabalho educativo é o ato de produzir, direta e intencionalmente, em cada indivíduo singular, a humanidade que é produzida histórica e coletivamente pelo conjunto dos homens. Assim, o objeto da educação diz respeito, de um lado, à identificação dos elementos culturais que precisam ser assimilados pelos indivíduos da espécie humana para que eles se tornem humanos e, de outro lado e concomitantemente, à descoberta das formas mais adequadas para atingir esse objetivo.*

Assim, se o trabalho educativo diz respeito, em última instância, à produção da humanidade, é necessário que educadores tenham consciência da intencionalidade de seu trabalho e de sua responsabilidade na descoberta de formas mais adequadas para conquistar esse objetivo, visando atingir a todos.

Em muitos locais do Brasil, as condições de trabalho ainda não são adequadas para permitir, de fato, que a inclusão ocorra, e há um longo percurso necessário à busca da superação da lógica seriada, seletiva e classificatória ainda vigente. Entretanto, é preciso acreditar que o caminho inclusivo é possível e, mais do que isso, lutar para alcançar as condições necessárias à sua concretização.

5.2
Educação escolar indígena

Você já conhece alguma coisa sobre educação escolar indígena? Apresentaremos aqui alguns pontos para a reflexão sobre essa modalidade da educação básica. A educação escolar indígena se desenvolve em escolas localizadas em território indígena e, portanto, inseridas na cultura local. Essas escolas devem respeitar as particularidades e as singularidades da realidade em que se inserem, e o trabalho pedagógico a ser desenvolvido deve levar em consideração as especificidades étnicas e culturais das comunidades, o que traz implicações para as definições curriculares, metodológicas e do quadro docente. É importante ressaltar que a organização da educação escolar indígena deve ser feita respeitando-se os princípios da Constituição Federal (Brasil, 1988) e as definições da LDBEN referentes à Base Nacional Comum Curricular (BNCC).

Na organização do funcionamento das escolas indígenas – voltada para a valorização da cultura desses povos, com suas diferentes ramificações étnicas –, é necessário reconhecer suas normas e seus ordenamentos jurídicos próprios, entre os quais se destacam o ensino intercultural e bilíngue.

> *A educação escolar indígena, com respaldo legal para "a utilização de suas línguas maternas e processos próprios de aprendizagem" (Constituição da República Federativa do Brasil, 1988, art. 210, parágrafo 2º), é assegurada juridicamente pela atual Constituição Federal, marco legal para o "tempo dos direitos", como anunciam lideranças indígenas, ao se referirem à legislação que oficialmente supera o aspecto integracionista da instituição escolar destinada às sociedades indígenas, que historicamente vigorou. A categoria "escola indígena", no entanto, só se tornou legalmente oficial a partir de 1999, com as Diretrizes Curriculares Nacionais da Educação Escolar Indígena, estabelecidas pelo Parecer n. 14/1999 e pela Resolução n. 3/1999.* (Bergamaschi; Sousa, 2015, p. 152)

Nesse contexto, é fundamental também o papel da Fundação Nacional do Índio (Funai) na defesa dos direitos dos povos indígenas, instituição que também tem enfatizado a importância do respeito à cultura e à língua próprias dessas comunidades. De acordo com informações do *site* da organização:

> *Os Povos Indígenas têm direito a uma educação escolar específica, diferenciada, intercultural, bilíngue/multilíngue e comunitária, conforme define a legislação nacional que fundamenta a Educação Escolar Indígena. Seguindo o regime de colaboração, posto pela Constituição Federal de 1988 e pela Lei de Diretrizes e Bases da Educação Nacional (LDB), a coordenação nacional das políticas de Educação Escolar Indígena é de competência do Ministério da Educação (MEC), cabendo aos Estados e Municípios a execução para a garantia deste direito dos povos indígenas.* (Brasil, 2016e)

Além da Constituição Federal, da LDBEN e das Diretrizes Curriculares Nacionais (DCN) para a Educação Escolar Indígena, estabelecidas pelo Parecer CNE n. 14, de 14 de setembro de 1999 (Brasil, 1999a), e pela Resolução CEB n. 3, de 10 de novembro de

1999 (Brasil, 1999b), que torna legal o termo *escola indígena*. Em 2012, foram aprovados o Parecer CNE/CEB n. 13, de 10 de maio de 2012 (Brasil, 2012b) e a Resolução n. 5, de 22 de junho de 2012 (Brasil, 2012e), que institui as novas DCN para a Educação Escolar Indígena. Também convém destacar o Referencial Curricular Nacional para Escolas Indígenas (Brasil, 1998c), que aborda a questão da autodeterminação e da autoafirmação dos povos originários.

> *Os povos indígenas em todo o mundo, no contexto atual de inserção nos estados nacionais, têm contato com valores, instituições e procedimentos distintos dos que lhes são próprios. Eles têm o direito de decidir seu destino, fazendo suas escolhas, elaborando e administrando autonomamente seus projetos de futuro. Desse modo, a escola indígena faz parte desse projeto de construção autônoma do projeto societário. Para isso, a comunidade deve participar da definição do projeto político-pedagógico da escola, das decisões pedagógicas e curriculares e da organização e gestão escolares.* (Bergamaschi; Sousa, 2015, p. 153)

Registramos que a discussão curricular e a legislação educacional avançaram nas últimas décadas em relação à educação escolar indígena, mas esse avanço não pode ser considerado sem que se leve em conta a participação e o protagonismo dos povos indígenas na defesa de seus direitos.

Para esclarecer como se constitui essa modalidade de ensino no Brasil, apresentaremos alguns destaques no campo da legislação educacional. Iniciamos com o Decreto n. 6.861, de 27 de maio de 2009 (Brasil, 2009b), do Governo federal, que criou uma nova situação política e jurídica para a atualidade a respeito da educação escolar indígena, os chamados *territórios etnoeducacionais* (TEEs):

> *Com uma proposta original, no que diz respeito ao reconhecimento das identidades étnicas dos povos indígenas, e a possibilidade de uma gestão mais autônoma de seus processos escolares, ao aliar a questão educacional à territorial, essa política inaugura um novo momento no processo histórico de protagonismo escolar indígena. Em linhas gerais, a ideia de território etnoeducacional significa um movimento de organização da educação escolar indígena em consonância com a territorialidade de seus povos, independentemente da divisão política entre estados e municípios que compõem o território brasileiro.* (Bergamaschi; Sousa, 2015, p. 145)

De acordo com as autoras, esse decreto apresentou avanços significativos no que se refere à atenção dispensada às especificidades e à territorialidade dos povos indígenas e trouxe três temas principais para a discussão: "Educação Escolar, Territorialidade e Autonomia dos Povos Indígenas; Práticas Pedagógicas, Participação e Controle Social e Diretrizes para a Educação Escolar Indígena; e Políticas, Gestão e Financiamento da Educação Escolar Indígena" (Bergamaschi; Sousa, 2015, p. 150).

Ainda segundo Bergamashi e Souza (2015, p. 150), o Decreto n. 6.861/2009 traz como principal mudança a definição de que "a educação escolar indígena será organizada com a participação dos povos indígenas, observada a sua territorialidade e respeitando suas necessidades e especificidades". O decreto possibilita também as condições para a implantação e a execução dos etnoterritórios, na medida em que indica as responsabilidades de cada ente envolvido no processo, definindo, inclusive, as dotações orçamentárias. No que diz respeito ao Ministério da Educação (MEC), o decreto, em seu art. 5º, deixa bem claro que cabe a esse órgão o apoio técnico e financeiro para viabilizar a construção de escolas, a formação inicial e continuada dos professores indígenas, a produção de materiais didáticos, a responsabilidade pelo ensino médio integrado com a formação profissional e também a alimentação escolar.

Outro ponto do Decreto n. 6.861/2009 é a gestão escolar democrática, que indica a possibilidade de participação efetiva dos povos indígenas nas definições a respeito do processo educativo a ser desenvolvido.

> *Vale frisar que um dos pontos mais importantes do Decreto se refere à participação efetiva dos povos indígenas em todas as etapas da gestão da educação escolar, sendo a própria criação da escola iniciativa ou reivindicação da comunidade interessada, o que deixa claro o caráter autônomo do processo educacional. Em parágrafo único, o Decreto n. 6.861 diz: "A escola indígena será criada por iniciativa ou reivindicação da comunidade interessada, ou com sua anuência, respeitadas suas formas de representação".* (Bergamaschi; Sousa, 2015, p. 151)

A participação efetiva, em uma concepção de gestão democrática, significa não apenas ter acesso ao que foi definido externamente, mas também participar prioritariamente das tomadas de decisões a respeito das políticas que serão desenvolvidas nesse campo específico da educação escolar. No campo das políticas educacionais, é importante saber o que o MEC tem proposto a esse respeito por meio da Secretaria de Educação Continuada, Alfabetização, Diversidade e Inclusão (Secadi) para a garantia da oferta da educação escolar indígena de qualidade. A seguir, destacamos o Programa de Formação Continuada de Professores para atuar nas escolas indígenas, conforme descrito no *site* do MEC (Brasil, 2022c, grifo do original):

***Objetivo**: Apoiar a formação continuada de professores para atuar nas escolas indígenas, em parceria com Instituições Públicas de Educação Superior– IPES.*

***Ação**: Ofertar cursos no nível de aperfeiçoamento e especialização, na modalidade à distância, por meio da Universidade Aberta do Brasil – UAB e na modalidade presencial e semipresencial pela Rede Nacional de Formação Continuada de Professores na Educação Básica – RENAFOR.*

Finalizamos ressaltando que é fundamental pensarmos a educação escolar indígena na dimensão do resgate da alteridade, tão importante à constituição de nossa humanidade em geral. Por *alteridade* compreendemos a aceitação e o reconhecimento do outro como igual, mesmo com as diferenças sociais, culturais e étnicas estabelecidas. Isso significa que, no caso dos povos indígenas, a participação das comunidades nas definições a respeito de seus projetos político-pedagógicos não é uma benesse, mas um direito legalmente instituído e que deve ser reconhecido e colocado em prática.

5.3
Educação de jovens e adultos (EJA)

Essa modalidade de ensino da educação básica destina-se ao atendimento educacional de todos aqueles que, por algum motivo, não puderam estudar na idade prevista pela LDBEN para a realização do ensino fundamental ou do ensino médio: "o público jovem e adulto em defasagem idade-série, portanto os trabalhadores que acima de 18 anos, não completaram ainda 12 anos de estudos, os não alfabetizados acima de 15 anos e aqueles que demandam uma formação básica integrada à educação profissional" (Machado; Rodrigues, 2014, p. 384).

Em termos utópicos – daquilo que ainda não se realizou, mas que se deseja alcançar –, podemos dizer que, no futuro, o ideal seria não mais haver a necessidade dessa modalidade. Isso não significa que ela não seja importante, mas, se pensarmos na real universalização do ensino fundamental e do ensino médio – em que todos, crianças, adolescentes e jovens, possam ter garantido seu direito de estudar na idade prevista em lei –, talvez um dia não tenhamos mais pessoas que necessitem realizar seus estudos posteriormente. Entretanto, essa não é nossa atual realidade. No Brasil, há ainda muitas pessoas que não puderam concluir seus estudos na educação básica: alguns porque tiveram de parar de estudar para trabalhar e auxiliar na manutenção da família, outros porque foram, de algum modo, afastados dos estudos em razão da desistência, da evasão, de reprovações, entre outros fatores. De acordo com Arelaro e Kruppa (2007, p. 85):

> *Quando refletimos sobre a importância da EJA no desenvolvimento e na transformação social é que compreendemos as dificuldades de sua implementação, como política permanente, num país profundamente desigual como o Brasil. A EJA, dotada de qualidades que a tornem efetiva, transforma-se numa política social que ameaça o status quo das elites privilegiadas, com possibilidade de produzir "desobediência civil" por parte dos marginalizados econômicos ao não aceitarem os limites impostos pela sociedade de classes.*

Como bem podemos verificar, a EJA encerra uma dimensão contra-hegemônica ao se voltar contra o *status quo* estabelecido, ao permitir que, de alguma forma, aqueles que estavam à margem do sistema de ensino no país possam retomar seus estudos e não aceitar os limites impostos pelas condicionalidades da sociedade capitalista contemporânea.

Infelizmente, mesmo que a oferta da EJA para a população que dela necessita estivesse garantida na legislação educacional, historicamente manifestam-se nessa modalidade de ensino formas precarizadas, de pouca qualidade, desenvolvidas em parcerias com organizações não governamentais (ONGs), movimentos sociais e políticas educacionais pouco eficazes, em que é oferecido, muitas vezes, um ensino aligeirado e o desenvolvimento de um trabalho pedagógico que não costuma considerar as especificidades dos alunos. Arelaro e Kruppa (2007) chamam a atenção para a necessidade de se estabelecer uma política nacional de EJA, que responsabilize o Estado pela oferta de um ensino de qualidade para esse público, a fim de buscar a redenção de uma dívida que é social.

> *Não são poucas as razões para que se continue defendendo a importância de uma política nacional de educação de jovens e adultos que garanta a todos os brasileiros o direito a uma educação pública, gratuita, laica e de qualidade, priorizando o uso de recursos públicos para esse fim. Hoje o Estado vem mantendo uma atitude de aparente inércia sobre essa questão; sequer cumpre a obrigatoriedade do levantamento censitário, pelo qual se identificaria e quantificaria com maior precisão os milhões de brasileiros que deveriam ser incluídos em propostas de EJA.* (Arelaro; Kruppa, 2007, p. 100)

Corroborando esse entendimento acerca do papel do Estado na garantia da EJA como um direito social à educação para aqueles que não o tiveram na idade correta e também na oferta de um ensino de qualidade, Machado e Rodrigues (2014, p. 383-384) ressaltam:

Quando tratamos da EJA, referimo-nos a ela como um direito do povo, mesmo que este povo esteja desacreditando do poder e valor desse direito. Entendemos, ainda, que cabe ao Estado brasileiro resgatar o lugar e o valor desse direito na vida e na Constituição da Nação, já que este mesmo Estado é um dos responsáveis pelo descrédito devido às inúmeras campanhas, projetos e programas implementados por políticas de governos muitas vezes sem resultados efetivos e sem o alcance das metas.

Para discutir e efetivar políticas educacionais pertinentes à EJA, é preciso pensar os tempos e os espaços escolares da mesma forma como têm sido pensados criticamente em outras etapas e modalidades da educação básica. É necessário discutir currículo, metodologia de ensino, formação das turmas, utilização de materiais didáticos próprios e específicos e formas de avaliação, uma vez que as turmas de EJA são indiscutivelmente heterogêneas em sua formação.

Os grupos formados nas salas de EJA se mesclam em diferenças de idade e de interesses. É preciso compreender a dinâmica dessas heterogeneidades, fator importante para a efetiva dimensão política dessa educação. Visões simplistas, ligadas a uma dimensão "disciplinar" ou "etapista" do desenvolvimento humano, têm proposto a formação de classes de EJA por grupos homogêneos de idade, posição esta pedagógica e culturalmente questionável. (Arelaro; Kruppa, 2007, p. 101)

No campo das políticas educacionais referentes à EJA, merecem destaque as definições do Plano Nacional de Educação (PNE) em suas Metas 8, 9 e 10:

Meta 8: elevar a escolaridade média da população de 18 (dezoito) a 29 (vinte e nove) anos, de modo a alcançar, no mínimo, 12 (doze) anos de estudo no último ano de vigência deste plano, para as populações do campo, da região de menor escolaridade no País e dos 25% (vinte e cinco por cento) mais pobres, e igualar a escolaridade média entre negros e não negros declarados à Fundação Instituto Brasileiro de Geografia e Estatística – IBGE.

Meta 9: elevar a taxa de alfabetização da população com 15 (quinze) anos ou mais para 93,5% (noventa e três inteiros e cinco décimos por cento) até 2015 e, até o final da vigência deste PNE, erradicar o analfabetismo absoluto e reduzir em 50% (cinquenta por cento) a taxa de analfabetismo funcional.

Meta 10: oferecer, no mínimo, 25% (vinte e cinco por cento) das matrículas de educação de jovens e adultos, nos ensinos fundamental e médio, na forma integrada à educação profissional. (Brasil, 2014b)

Um outro aspecto a ser destacado na EJA é o Exame Nacional para Certificação de competências de Jovens e Adultos (Encceja), que foi realizado pela primeira vez em 2002 e permaneceu até 2009. Entre 2009 e 2017, o exame para aferir competências, habilidades e saberes de jovens e adultos que não concluíram o ensino fundamental ou ensino médio na idade adequada foi realizado pelo Exame Nacional do Ensino Médio (Enem). A partir de 2017, ocorreu a retomada da prova realizada pelo Encceja.

São finalidades do Encceja: construir uma referência nacional de autoavaliação para jovens e adultos por meio de avaliação de competências, habilidades e saberes adquiridos em processo escolar ou extraescolar; estruturar uma avaliação direcionada a jovens e adultos que sirva às Secretarias de Educação para que estabeleçam o processo de certificação dos participantes, em nível de conclusão do Ensino Fundamental ou Ensino Médio, por meio da utilização dos resultados do Exame; oferecer uma avaliação para fins de correção do fluxo escolar; construir, consolidar e divulgar seus resultados para que possam ser utilizados na melhoria da qualidade

> *na oferta da Educação de Jovens e Adultos e no processo de certificação; construir parâmetros para a autoavaliação do participante, visando à continuidade de sua formação e sua inserção no mundo do trabalho; possibilitar o desenvolvimento de estudos e indicadores sobre educação brasileira.* (Inep, 2022b)

Para atender aos desafios propostos por essas metas, muitos são os elementos envolvidos, entre os quais podemos elencar: a definição das responsabilidades e a articulação dos sistemas de ensino nos níveis federal, estadual e municipal, responsáveis pela oferta da educação básica; a garantia de um ensino de qualidade, que tenha sentido e significado para a população atendida; a formação inicial e continuada dos professores que trabalharão com a EJA; as estratégias para a manutenção dos alunos na escola, visto que o índice de evasão escolar na EJA costuma ser alto; a necessidade de um diagnóstico com dados de censo que indiquem em que regiões do Brasil estão os não alfabetizados e da ampliação do acesso às classes de EJA; e a elaboração de propostas claras e efetivas para a educação de trabalhadores (maior parte dos estudantes da EJA), o que implica considerar a realidade do aluno trabalhador. Esses são apenas alguns dos elementos a serem pensados na proposição das políticas educacionais na área da EJA[2], visto que muitos outros pontos poderiam ser levantados para reflexão. Deixamos aqui apenas alguns indícios de por onde iniciar a discussão.

---

2 Para saber mais sobre as políticas educacionais voltadas à EJA, sugerimos a leitura do texto de Di Pierro (2005).

5.4
Educação escolar quilombola

A educação escolar quilombola é hoje reconhecida como uma modalidade de ensino da educação básica. É importante ressaltar que o reconhecimento de uma orientação educacional voltada a comunidades quilombolas é resultado, em grande medida, das lutas dos movimentos sociais negros e pode ser considerado uma grande conquista da educação brasileira.

No âmbito da legislação educacional, as discussões do Parecer CNE/CEB n. 16, de 5 de junho de 2012 (Brasil, 2012c), e da Resolução n. 8, de 20 de novembro de 2012 (Brasil, 2012g), que institui as DCN para a Educação Escolar Quilombola, são um marco nas definições educacionais voltadas a essa temática. Essas discussões tiveram início em 2011 na Câmara de Educação Básica do Conselho Nacional de Educação (CNE), mas os debates sobre o tema se iniciaram ainda antes, com as Deliberações da Conferência Nacional de Educação, em 2010.

O documento "Diretrizes Curriculares Nacionais para a Educação Escolar Quilombola" foi assinado em 21 de novembro de 2012 pela presidenta Dilma Rousseff e traz orientações para que os sistemas de ensino formulem seus projetos político-pedagógicos de modo a considerar as vivências, as realidades e a história das comunidades quilombolas do Brasil. Em geral, isso significa a consolidação nacional de uma regulamentação da educação escolar quilombola que segue as orientações gerais da educação básica no país. Tais diretrizes consideram as orientações do Parecer CNE/CP n. 3/2004, contido na Resolução n. 1, de 17 de junho de 2004 (Brasil, 2004b), que trata da obrigatoriedade do ensino da história e da cultura afro-brasileiras nas escolas da educação básica do

Brasil, conforme definido pela Lei n. 10.639, de 9 de janeiro de 2003 (Brasil, 2003).

Também é importante destacar que, mais recentemente, tivemos as determinações da Lei n. 11.645, de 10 de março de 2008 (Brasil, 2008a), que altera a redação da LDBEN, modificada pela Lei n. 10.639/2003, que estabelece as Diretrizes e Bases da Educação Nacional, incluindo no currículo oficial da rede de ensino a obrigatoriedade de abordar a temática "história e cultura afro-brasileira e indígena".

De acordo com a Lei n.11.645/2008 (Brasil, 2008a):

> *Art. 1o – O art. 26- A da Lei n. 9.394, de 20 de dezembro de 1996, passa a vigorar com a seguinte redação:*
>
> *Art. 26-A – Nos estabelecimentos de ensino fundamental e de ensino médio, públicos e privados, torna-se obrigatório o estudo da história e cultura afro-brasileira e indígena.*
>
> *§ 1o O conteúdo programático a que se refere este artigo incluirá diversos aspectos da história e da cultura que caracterizam a formação da população brasileira, a partir desses dois grupos étnicos, tais como o estudo da história da África e dos africanos, a luta dos negros e dos povos indígenas no Brasil, a cultura negra e indígena brasileira e o negro e o índio na formação da sociedade nacional, resgatando as suas contribuições nas áreas social, econômica e política, pertinentes à história do Brasil.*
>
> *§ 2o Os conteúdos referentes à história e cultura afro-brasileira e dos povos indígenas brasileiros serão ministrados no âmbito de todo o currículo escolar, em especial nas áreas de educação artística e de literatura e história brasileiras.*

Destacamos, ainda, o documento "Plano Nacional de Implementação das Diretrizes Curriculares Nacionais para a Educação das Relações Etnicorraciais e para o Ensino de História e Cultura Afrobrasileira e Africana" (Brasil, 2009f), que objetiva orientar os sistemas de ensino e as instituições educacionais na perspectiva de implementação da Lei n. 10.639/2003 e da Lei n. 11.645/2008, indicando quais são as competências e responsabilidades dos sistemas de ensino, instituições educacionais, níveis e modalidades. O plano foi resultado da mobilização e dos esforços de muitas instituições, como a Organização das Nações Unidas para a Educação, a Ciência e a Cultura (Unesco), o Conselho Nacional de Secretários de Educação (Consed), a União dos Dirigentes Municipais de Educação (Undime) e os ministérios, além da contribuição de intelectuais, movimentos sociais e organizações da sociedade civil.

Conhecer o conteúdo desses documentos é muito importante para os professores do país, visto que há toda uma mudança na maneira de pensar e encaminhar metodologicamente o trabalho pedagógico com os conteúdos que abrangem a temática da cultura afro-brasileira e africana. Nesse sentido,

> *Aprender e ensinar sobre a história da África a partir dos processos de formação dos povos africanos – a cultura, os mitos, a religião, suas lutas e conquistas, seus heróis e heroínas, seu legado cultural para a história da humanidade – é mudar de paradigma, abandonar antigas práticas educacionais que, ao abordar a história dos africanos no Brasil, partiam do processo de escravização.* (Freitas, 2011, p. 97)

Assim, a legislação que aborda a educação escolar quilombola[3] e o ensino da história e da cultura afro-brasileiras permitem desenvolver práticas pedagógicas que não tenham como base ou reproduzam ideias equivocadas e estereótipos, do tipo que considera a

3 Para saber mais sobre as políticas educacionais voltadas à educação escolar quilombola, sugerimos a leitura do texto de Larchert e Oliveira (2013).

África apenas um lugar pobre ou local destinado à prática de safári, por exemplo. Para um melhor entendimento, é só pensar em como nos sentimos quando, por vezes, estrangeiros se referem à cultura brasileira resumindo-a à pobreza, à miséria, ao samba e ao carnaval.

> *Fomos construídos como povo e nação ao longo dos séculos e estamos por construir uma sociedade que poderá ser mais justa e mais igualitária, depende dos caminhos que escolhermos. Uma educação que consiga realizar o diálogo entre as nossas diferentes formas de ser brasileiros e brasileiras e que aprenda a partir dos próprios desafios que essa diversidade nos coloca poderá realizar a tarefa da interculturalidade.* (Freitas, 2011, p. 99)

Por fim, propomos aqui uma reflexão sobre o caminho para o reconhecimento da diversidade e da interculturalidade que perpassam a educação brasileira. O Brasil é um país de dimensões continentais e formado por uma população bastante diversificada em termos de cultura, hábitos e costumes, em virtude da combinação de diferentes etnias. É preciso que a educação brasileira considere e respeite toda essa diversidade ao eleger os conteúdos curriculares e ao organizar os sistemas de ensino.

5.5
Educação do campo

Essa modalidade destina-se à educação para a população que mora e trabalha no espaço rural, prevendo as adaptações e adequações necessárias para atender às especificidades da vida no campo em diferentes regiões do país.

Abordaremos alguns aspectos essenciais a serem pensados para as políticas educacionais da educação do campo, entre os quais destacamos: a definição de conteúdos de ensino significativos e metodologias apropriadas à realidade do espaço rural; a organização das escolas e de seus calendários letivos, levando em consideração as fases dos ciclos da agricultura e as condições climáticas; e a adequação do currículo às especificidades do trabalho no espaço rural.

> *Com a Constituição de 1988, a educação destaca-se como "direito de todos, dever do Estado". Esse direito é definitivamente assegurado e regulamentado às populações do campo com a aprovação da LDB em 1996. Os artigos 23, 26 e 28 da LDB propõem uma escola específica as peculiaridades do campo, com "conteúdos curriculares e metodologias apropriadas às reais necessidades e interesses dos alunos da zona rural; organização escolar própria, incluindo adequação do calendário escolar às fases do ciclo agrícola e às condições climáticas, adequação à natureza do trabalho na zona rural". O artigo 28 é inovador por respeitar a diversidade sociocultural, fazendo a organização escolar para as peculiaridades do contexto escolar uma questão pedagógica central. Esta especificidade ganhou em 2002 legislação específica com a aprovação das Diretrizes Operacionais para a Educação Básica nas Escolas do Campo.* (Marschner, 2011, p. 46)

Em relação à legislação educacional, no que se refere à educação do campo, além da Constituição Federal (Brasil, 1988), da LDBEN, da Resolução CNE/CEB n. 1, de 3 de abril de 2002 (Brasil, 2002b), que institui as Diretrizes Operacionais para a Educação Básica nas Escolas do Campo; da Resolução n. 2, de 28 de abril de 2008 (Brasil, 2008b), que estabelece diretrizes complementares, normas e princípios para o desenvolvimento de políticas públicas de atendimento da educação básica do campo, temos o

Decreto n. 7.352, de 4 de novembro de 2010 (Brasil, 2010a), que trata da política de educação do campo e do Programa Nacional de Educação na Reforma Agrária (Pronera). O art. 1º do Decreto n. 7.352/2010 estabelece:

> *Art. 1º – A política de educação do campo destina-se à ampliação e qualificação da oferta de educação básica e superior às populações do campo, e será desenvolvida pela União em regime de colaboração com os Estados, o Distrito Federal e os Municípios, de acordo com as diretrizes e metas estabelecidas no Plano Nacional de Educação e o disposto neste Decreto.*
>
> *§ 1º Para os efeitos deste Decreto, entende-se por:*
>
> *I – **populações do campo**: os agricultores familiares, os extrativistas, os pescadores artesanais, os ribeirinhos, os assentados e acampados da reforma agrária, os trabalhadores assalariados rurais, os quilombolas, os caiçaras, os povos da floresta, os caboclos e outros que produzam suas condições materiais de existência a partir do trabalho no meio rural.*
>
> *II – **escola do campo**: aquela situada em área rural, conforme definida pela Fundação Instituto Brasileiro de Geografia e Estatística – IBGE, ou aquela situada em área urbana, desde que atenda predominantemente a populações do campo.* (Brasil, 2010a, grifo nosso)

Além das definições de *população do campo* e de *escola do campo*, o decreto é esclarecedor em relação aos princípios da educação do campo, os quais são previstos em seu art. 2º:

> *Art. 2º São princípios da educação do campo:*
>
> *I – respeito à diversidade do campo em seus aspectos sociais, culturais, ambientais, políticos, econômicos, de gênero, geracional e de raça e etnia;*
>
> *II – incentivo à formulação de projetos político-pedagógicos específicos para as escolas do campo, estimulando o desenvolvimento das unidades escolares como espaços públicos de*

investigação e articulação de experiências e estudos direcionados para o desenvolvimento social, economicamente justo e ambientalmente sustentável, em articulação com o mundo do trabalho;

III – desenvolvimento de políticas de formação de profissionais da educação para o atendimento da especificidade das escolas do campo, considerando-se as condições concretas da produção e reprodução social da vida no campo;

IV – valorização da identidade da escola do campo por meio de projetos pedagógicos com conteúdos curriculares e metodologias adequadas às reais necessidades dos alunos do campo, bem como flexibilidade na organização escolar, incluindo adequação do calendário escolar às fases do ciclo agrícola e às condições climáticas; e

V – controle social da qualidade da educação escolar, mediante a efetiva participação da comunidade e dos movimentos sociais do campo. (Brasil, 2010a)

De acordo com Marschner (2011), os inúmeros debates na última década a respeito da educação do campo representam mais do que uma demanda por escolas nas comunidades rurais, assumindo uma ampla pauta de análise sobre um espaço específico da sociedade brasileira, composta por ações e reivindicações visando à ressignificação e à transformação do entendimento do sentido de *rural*. Para o autor, "um sinal claro desse processo dá-se já no campo semântico: os discursos e representações sobre o espaço social passam a rejeitar a ideia do 'rural' substituindo-a por 'campo' como um conceito mais apropriado de espaço" (Marschner, 2011, p. 41).

A ressignificação, inclusive no campo da semântica, da concepção de *rural* deve-se ao fato de que, por muito tempo, o termo foi definido em oposição ao espaço urbano, assumindo características predominantemente ultrapassadas, relacionadas, em sentido pejorativo, ao "caipira", à falta de instrução e de conhecimento, à precariedade cultural e material. Essa é uma visão bastante questionada na atualidade em razão de seus equívocos no que se refere à realidade – uma visão estereotipada do campo e de seus trabalhadores.

> *Algumas análises apontam a E. do C. como um desdobramento das lutas por reforma agrária (Molina, 2005; Caldart, 2000; Fernandes, 2004). A luta pela terra faz com que a sociedade seja literalmente reinventada, recriando o rural e resgatando "dimensões esquecidas". Nela o campo ressurge como um espaço emancipatório, como território fecundo de construção da democracia e da solidariedade, ao transformar-se no lugar não apenas das lutas pelo direito à terra, mas também pelo direito à educação, à saúde, à organização da produção, pela soberania alimentar, pela preservação das águas, entre outros. A redescoberta se vincula em parte à crescente consciência das populações camponesas a respeito de sua identidade, seus direitos, e seu papel na sociedade.* (Marschner, 2011, p. 42)

A educação do campo coloca-se na perspectiva da formação humana plena, na luta por uma educação de qualidade, com sentido e significado para seus alunos. Assim, ela supera a visão de restringir-se apenas à necessidade de escolarização dessas populações – embora também o seja, a educação do campo ultrapassa esse aspecto, pois diz respeito às possibilidades de construção da cidadania. Conforme afirma Marschner (2011, p. 48):

> *Partindo da perspectiva das mudanças culturais, o espaço rural é redescoberto como lugar para a geração e manutenção de identidade. Já a partir da perspectiva política, o espaço rural é apresentado como lugar da ampliação de uma nova prática dos movimentos sociais com as lutas por terra e com a promoção de uma política local mais democrática e efetiva. Prima-se então pela abordagem territorial,*

multidimensional e de caráter endógeno, baseada no protagonismo dos sujeitos locais. Procura-se, dessa forma, evitar modelos de desenvolvimento descontínuos e marcados pela dependência, pelo clientelismo, traços típicos das políticas municipais sujeitas as constantes mudanças de mandatos.

Portanto, para que a educação do campo supere estereótipos e preconceitos e promova um ensino de qualidade que articule espaço urbano e rural, trabalho manual e intelectual, é preciso que se desenvolva de maneira integrada com o mundo do trabalho e os avanços da ciência e da tecnologia na contemporaneidade. É necessário não apenas o conhecimento da legislação educacional, mas também a busca da proposição de políticas educacionais viáveis e eficazes.

5.6
Educação a distância (EaD)

A última, mas não menos importante, modalidade da educação básica sobre a qual trataremos neste capítulo é a EaD. Polêmica e controversa de acordo com alguns estudiosos e, ao mesmo tempo, moderna e avançada na opinião de outros, ao abordar a temática, é preciso levar em consideração que

> *há, geralmente, autores que anunciam as promessas ou pesquisadores que denunciam as dívidas atinentes à referida modalidade educativa, destacando-se o processo de expansão do ensino superior e a certificação de professores em massa. Diversos são os argumentos vocalizados a favor ou contra a EaD, de modo que a articulação entre as dimensões macro (políticas públicas), meso (institucional) e micro (metodologias) não é tarefa das mais fáceis, dadas as controvérsias existentes nos contornos da área.* (Duran, 2015, p. 3)

Em que pesem as discordâncias a respeito do debate na área acadêmica sobre a EaD, é preciso também considerar a real dimensão e a amplitude dessa modalidade educativa nos dias atuais, visto ser inegável que

> *A Educação a Distância, modalidade de educação efetivada através do intenso uso de tecnologias de informação e comunicação, onde professores e alunos estão separados fisicamente no espaço e/ou no tempo, está sendo cada vez mais utilizada na Educação Básica, Educação Superior e em cursos abertos, entre outros.* (Alves, 2011, p. 83)

Na atualidade, a EaD pode ser considerada um recurso importante quando a intenção é atender uma quantidade maior de pessoas que nem sempre têm acesso ao ensino em sua forma presencial. Essa modalidade é bastante discutida atualmente e tem suas possibilidades criticadas ou questionadas no que diz respeito à qualidade do ensino ofertado e dos serviços disponíveis para seu acesso. Entretanto, é inegável que as novas tecnologias nas áreas de informação e comunicação (internet e mídias digitais, por exemplo) podem abrir inúmeras possibilidades para os processos de ensino e aprendizagem a distância, inclusive na educação básica, na medida em que colaboram para a integração de sujeitos que residem em diferentes regiões geográficas do país e propiciam o acesso a conhecimentos e informações atualizadas.

> *Esta modalidade de educação vem ampliando sua colaboração na ampliação da democratização do ensino e na aquisição dos mais variados conhecimentos, principalmente por esta se constituir em um instrumento capaz de atender um grande número de pessoas simultaneamente, chegar a indivíduos que estão distantes dos locais onde são ministrados os ensinamentos e/ou que não podem estudar em horários preestabelecidos.* (Alves, 2011, p. 90)

Na legislação educacional brasileira, a EaD foi normatizada pela LDBEN e regulamentada pelo Decreto n. 5.622, de 19 de dezembro de 2005 (Brasil, 2005), que, em seu art. 1º, determina o seguinte:

> *Art. 1º [...] caracteriza-se a Educação a Distância como modalidade educacional na qual a mediação didático-pedagógica nos processos de ensino e aprendizagem ocorre com a utilização de meios e tecnologias de informação e comunicação, com estudantes e professores desenvolvendo atividades educativas em lugares ou tempos diversos.*
>
> *§ 1º– A Educação a Distância organiza-se segundo metodologia, gestão e avaliação peculiares, para as quais deverá estar prevista a obrigatoriedade de momentos presenciais para:*
>
> *I – avaliações de estudantes;*
>
> *II – estágios obrigatórios, quando previstos na legislação pertinente;*
>
> *III – defesa de trabalhos de conclusão de curso, quando previstos na legislação pertinente; e*
>
> *IV – atividades relacionadas a laboratórios de ensino, quando for o caso.* (Brasil, 2005)

Conforme é possível perceber no art. 1º, parágrafo 1º, do Decreto n. 5.622/2005, é preciso garantir momentos presenciais na modalidade EaD.

A Resolução n. 1, de 2 de fevereiro de 2016 (Brasil, 2016b), da Câmara de Educação Básica do CNE, define as diretrizes operacionais nacionais para o credenciamento institucional e a oferta de cursos e programas de ensino médio, de educação profissional técnica de nível médio e de EJA, nas etapas do ensino fundamental e médio, na modalidade EaD, em regime de colaboração entre os sistemas de ensino. Essa resolução determina a cooperação entre os sistemas estaduais e federal de ensino para reduzir as barreiras na implantação dos cursos a distância na educação básica. Entre suas inovações estão a determinação de que a idade mínima seja a mesma prevista para os cursos presenciais e a prioridade para o acervo bibliográfico virtual em relação ao acervo físico.

Assim, a EaD pode ser um instrumento importante para o acesso aos conhecimentos na atualidade, mas também exige cuidados para seu desenvolvimento, principalmente quando se trata de garantir, de fato, a democratização do conhecimento científico:

> *a oferta de educação na modalidade à distância pode contribuir para atender às demandas educacionais urgentes, tais como a formação ou capacitação de docentes para a educação básica, entre outros profissionais, bem como a formação continuada, em especial no interior do país, onde as dificuldades de acesso ao ensino aumentam cada dia mais. Embora a EAD demande uma responsabilidade maior do aluno, pois este deve redobrar seus esforços para alcançar um nível significativo de aprendizagem, apresenta uma série de vantagens, como interatividade, flexibilidade de horário e autonomia (o aluno pode definir seu próprio ritmo de estudo).* (Hermida; Bomfim, 2006, p. 167)

No plano das políticas educacionais, também é importante conhecer de que forma a EaD aparece no PNE, ou seja, na definição das metas e estratégias para os próximos anos. Ela assume papel de destaque nas políticas públicas e está vinculada a diversos pontos do PNE.

> *A aprovação do Plano Nacional de Educação (BRASIL, 2014) nos incita a refletir sobre os limites e possibilidades da EaD, uma vez que a referida modalidade é citada como uma das estratégias para o cumprimento de 3 metas: meta 10 (aumento de 25% nas matrículas da educação de jovens e adultos), meta 11 (triplicar as matrículas da educação*

profissional técnica de nível médio) e meta 12 (elevar a taxa bruta de matrícula na educação superior para 50% e a taxa líquida para 33% da população de 18 a 24 anos). Mais uma vez a EaD assume papel de destaque nos contornos das políticas públicas e, por essa razão, convoca ao debate sobre as questões candentes que a envolvem. (Duran, 2015, p. 2)

Conhecer as metas e as estratégias do PNE no que tange à EaD leva-nos à reflexão sobre as possibilidades e limites dessa modalidade de ensino. São muitas as questões envolvidas na perspectiva da busca pela educação de qualidade tanto no ensino presencial quanto no ensino a distância e, portanto, há de se considerar que a EaD também requer vontade política, recursos e investimentos financeiros e pedagógicos. Nesse sentido:

> *As ações de caráter didático-metodológico realizadas no nível micro não podem ser plenamente compreendidas à revelia dos condicionantes econômicos e políticos que se articulam no nível macro, assim como o reconhecimento das astúcias do capitalismo informacional não devem impedir o reconhecimento de iniciativas inovadoras e criativas comprometidas com a emancipação humana.* (Duran, 2015, p. 12-13)

Afinal, o desenvolvimento de cursos na modalidade EaD, em contextos específicos, sob determinadas condições sociais, políticas e materiais, pode ampliar as possibilidades de acesso da maioria da população aos conhecimentos científicos? As novas tecnologias têm tido papel importante na inclusão social? Qual tem sido o principal objetivo do desenvolvimento de cursos e programas educacionais na modalidade EaD? A certificação em massa? A obtenção de lucro? Ou a qualidade do ensino e a ampliação do acesso de todos aos conhecimentos? Essas são questões bastante complexas e que extrapolam as páginas deste livro, mas fica aqui o convite para que você, leitor(a), aprofunde o estudo e as discussões sobre o assunto.

Síntese

No quinto e último capítulo deste livro, tratamos das modalidades diferenciadas de ensino da educação básica. Abordamos especificamente a educação especial, a educação escolar indígena, a educação de jovens e adultos (EJA), a educação escolar quilombola, a educação do campo e a educação a distância (EaD).

Ao abordar as diferentes modalidades da educação básica, procuramos tratar de suas especificidades, referindo-nos a aspectos relacionados à legislação educacional atual e à definição das políticas públicas em cada um dos campos elencados.

Esperamos ter contribuído para o entendimento dessas modalidades de ensino e ressaltamos que não tivemos a intenção de esgotar a discussão sobre o assunto, mas apenas indicar pontos importantes para o debate e a reflexão sobre a prática pedagógica desenvolvida em diferentes regiões do país, com suas peculiaridades e singularidades.

Indicações culturais

Filmes

CENTRAL do Brasil. Direção: Walter Salles. França/Brasil: Europa Filmes, 1998. 105 min.

O filme retrata a vida de pessoas que migram pelo Brasil em busca de melhores oportunidades de vida. A personagem Dora escreve cartas na Central do Brasil para pessoas analfabetas que querem se comunicar com seus familiares. A pobreza, a miséria, o desemprego, a falta de estudo e conhecimento são temas abordados no decorrer da história.

COMO ESTRELAS na Terra. Direção: Aamir Khan. Índia, 2007. 175 min.

Esse filme aborda a história de uma criança com dislexia que tem muitas dificuldades na escola e não é compreendida por seus professores e pela família. Destaca a importância do olhar atento do professor para as diferenças individuais em relação à aprendizagem dos alunos.

Atividades de autoavaliação

1. Sobre a educação de jovens e adultos (EJA), modalidade diferenciada de ensino da educação básica, é importante destacar sua abrangência. Analise as proposições a seguir sobre o público-alvo da EJA.
   - I. É destinada a todos aqueles que não puderam, por algum motivo, concluir seus estudos do ensino fundamental ou do ensino médio na idade prevista pela LDBEN.
   - II. É destinada ao público jovem e adulto em defasagem idade-série, nesse caso, os trabalhadores que, com mais de 18 anos, não completaram ainda 12 anos de estudos, os não alfabetizados acima de 15 anos e aqueles que demandam uma formação básica integrada à educação profissional.
   - III. É destinada a todos os alunos que frequentaram o ensino fundamental, mas o concluíram com reprovações ao longo dos anos letivos.
   - IV. É destinada ao público jovem e adulto em adequação idade-série, acima de 18 anos de idade, e que já completou, no mínimo, 12 anos de escolaridade na educação básica.

Agora, assinale a alternativa que apresenta as afirmações corretas:

a) I e III.
b) II e III.
c) III e IV.
d) I e II.

2. É importante que os educadores conheçam as diferentes modalidades de ensino que perpassam a educação básica e tenham ciência de que cada uma delas apresenta características específicas. Sobre esse assunto, faça a correspondência entre as colunas A e B.

Coluna A	Coluna B
I. Educação de jovens e adultos (EJA)	( ) É a modalidade em que são atendidos os estudantes que residem em espaços rurais. Essas escolas devem levar em consideração as especificidades da região ao elaborar seus projetos político-pedagógicos.
II. Educação especial	( ) É a modalidade de ensino destinada às pessoas com deficiência ou necessidades educativas especiais. Visa desenvolver um trabalho educativo de qualidade para todos os alunos, buscando a equidade.
III. Educação indígena	( ) É a modalidade de ensino que atende as comunidades indígenas brasileiras, independentemente da região do país em que essas comunidades existam.

IV. Educação do campo	( ) É a modalidade de ensino destinada a jovens e adultos que não puderam, por algum motivo, estudar na idade definida por lei.
V. Educação profissional	( ) É a modalidade que se destina à preparação e à qualificação para o trabalho. Em alguns casos, pode acontecer de modo articulado com o ensino regular.

Agora, assinale a alternativa que apresenta a sequência correta:

a) I, II, IV, V e III.
b) IV, II, III, I e V.
c) I, II, III, IV e V.
d) V, III, II, I e IV.

3. A Declaração de Salamanca (1994) é uma resolução das Nações Unidas que trata das políticas educacionais voltadas à educação especial. O Brasil é signatário dessa declaração, pois participou da conferência e assinou o documento em concordância com os princípios de uma educação inclusiva. Sobre o entendimento da educação inclusiva na perspectiva da Declaração de Salamanca, assinale a alternativa correta.

a) Deve-se trabalhar pedagogicamente com as pessoas com deficiência na escola especial para que, após esse período, sejam integradas na escola regular.
b) Deve-se trabalhar pedagogicamente com as pessoas com deficiência na escola especial para que, após determinado tempo, sejam integradas no mercado de trabalho.

c) Deve-se enfatizar a deficiência do aluno com o objetivo de que possa superá-la.
d) Deve-se garantir a todas as pessoas o direito à educação, preferencialmente na escola regular, independentemente de suas necessidades especiais.

4. A educação escolar indígena é uma modalidade de ensino que se desenvolve em escolas localizadas em território indígena e, portanto, estão inseridas na cultura local. Analise as proposições a seguir a respeito dessa modalidade.

I. A categoria *escola indígena* tornou-se legalmente oficial a partir de 1999, com as Diretrizes Curriculares Nacionais da Educação Escolar Indígena, estabelecidas pelo Parecer n. 14/1999 e pela Resolução n. 3/1999.
II. O funcionamento das escolas indígenas está voltado à valorização das culturas desses povos, considerando-se suas diferentes ramificações étnicas.
III. A organização da educação escolar indígena prescinde de normas e ordenamento jurídico próprios.
IV. Entre os aspectos mais importantes da educação escolar indígena, destacam-se o ensino da língua portuguesa e de uma língua estrangeira moderna, caracterizando o bilinguismo.

Agora, assinale a alternativa que apresenta as afirmações corretas:

a) I e II.
b) III e IV.
c) I e III.
d) II e IV.

5. A educação de jovens e adultos (EJA) é a modalidade de ensino da educação básica que se destina ao atendimento educacional de todos aqueles que, por algum motivo, não puderam estudar na idade prevista pela LDBEN para a realização do ensino fundamental ou do ensino médio. A respeito dessa modalidade de ensino, assinale a alternativa correta.

   a) Os grupos formados nas salas de EJA mesclam-se em diferenças de idade e de interesses. É preciso compreender essas heterogeneidades – fator importante para efetivar a dimensão política dessa modalidade de ensino.
   b) É necessário estabelecer uma organização disciplinar ou etapista para o desenvolvimento do ensino-aprendizagem nas classes de EJA, em grupos homogêneos de idade, o que contribui para a aprendizagem.
   c) Não existem diferenças significativas entre o ensino regular comum e o ensino na modalidade do EJA. Estabelecer diferenças metodológicas e de conteúdo pode significar um desrespeito em relação aos alunos.
   d) O índice de evasão escolar na EJA costuma ser baixo, o que significa que não há necessidade de estratégias diversificadas de ensino.

Atividades de aprendizagem

Questões para reflexão

1. Durante seu processo educacional, você já conviveu com colegas com alguma deficiência física ou intelectual? Você mesmo(a) tem alguma necessidade educativa especial? Como a escola organizava o ensino para atender a essa diversidade no que se refere aos alunos da educação especial (metodologia, recursos, acessibilidade etc.)?

2. A respeito das modalidades de ensino que abordamos neste capítulo (educação especial, educação escolar indígena, educação de jovens e adultos, educação escolar quilombola, educação do campo e educação a distância), sobre qual delas você tem mais dúvidas e gostaria de saber mais a respeito? Busque mais informações em livros e na internet. Pesquisar faz parte do aprendizado e ajuda a sedimentar a compreensão sobre os temas abordados.

Atividade aplicada: prática

1. Se possível, e se você ainda não conhece, faça uma visita a uma escola do campo. Aproveite a visita para conversar com professores e alunos a respeito das especificidades desse contexto e para conhecer o projeto político-pedagógico da instituição. Registre suas observações por escrito e fotografe o espaço da escola.

Considerações finais

Neste livro, abordamos as características básicas da organização da educação regular no Brasil. Centramos nossa discussão na organização e na estrutura da educação básica, composta por três etapas de ensino: educação infantil, ensino fundamental e ensino médio. Também tratamos das modalidades de ensino que estão articuladas, transversalmente, com esse nível de ensino: educação especial, educação de jovens e adultos, educação profissionalizante, educação a distância, educação do campo, educação escolar quilombola e educação escolar indígena.

Na abordagem desses temas, optamos por adotar três dimensões importantes e integradas no desenvolvimento das práticas pedagógicas em cada uma dessas áreas: (1) concepção de sistema e sistemas de ensino, (2) legislação e (3) políticas educacionais. Esses conceitos trazem implicações para a compreensão de como se organiza a da educação formal no Brasil e encontram-se articulados nas práticas educacionais em nossa sociedade.

De maneira ampla, procuramos discutir sobre a inserção da escola e das políticas educacionais no contexto da sociedade capitalista, o qual apresenta avanços, limites e contradições na contemporaneidade. Isso ocorre porque a sociedade capitalista, embora apresente aspectos positivos – como os grandes avanços da ciência e da tecnologia –, também resulta em desigualdade social, miséria para grande parte da população e restrição ao acesso a bens materiais e à cultura produzida histórica e coletivamente pelo conjunto dos homens.

Buscamos, em última instância, apontar que não existe neutralidade no campo das políticas educacionais e que apenas a ação coletiva e organizada e a participação consciente e intencional na tomada de decisões e nas práticas pedagógicas a serem desenvolvidas podem contribuir para a melhoria do quadro educacional do país.

Ao apresentar cada uma das etapas e modalidades de ensino da educação básica, ressaltamos as principais normas que orientam o desenvolvimento das práticas pedagógicas, entre as quais estão a Constituição Federal de 1988; a Lei de Diretrizes e Bases da Educação Nacional (LDBEN), o Estatuto da Criança e do Adolescente (ECA); as Diretrizes Curriculares Nacionais (DCN) para cada uma das etapas e modalidades de ensino; o Plano Nacional de Educação (PNE) e a Base Nacional Comum Curricular (BNCC).

Ao relacionar a legislação educacional com a proposição e o desenvolvimento das políticas públicas voltadas à educação, também analisamos questões como a responsabilidade dos entes federativos pela oferta da educação, a importância do investimento e financiamento na área, a formação de professores e os avanços nessa esfera e as dificuldades e os desafios na educação básica.

Ressaltamos a necessidade de a população acompanhar e participar na definição e no controle do desenvolvimento das políticas educacionais, o que pode ocorrer, por exemplo, com a participação efetiva nos Conselhos de Educação (municipal, estadual e nacional), nos Fóruns em Defesa da Escola Pública e em conferências que debatam questões atuais sobre o ensino no Brasil.

Além disso, em relação a cada uma das etapas e modalidades de ensino da educação básica, procuramos examinar, com maior ou menor profundidade, aspectos como estrutura, funcionamento, duração, faixa etária atendida, oferta, demanda, currículo e metodologia de ensino.

Nossa intenção foi apresentar elementos conceituais que permitam a você, leitor(a), refletir sobre a organização do ensino formal no Brasil. Sabemos que é um tema bastante complexo e que, com certeza, existem aspectos a serem aprofundados e outros a serem trazidos para o debate. Trata-se, portanto, de um ponto de partida para novas leituras e o aprofundamento dos assuntos aos quais nos referimos. O importante é que todos aqueles preocupados com a oferta de uma educação de qualidade para a população brasileira se disponham a estudar, conhecer e lutar por melhores condições de ensino no país.

Glossário

Benesse	Lucro que não depende de trabalho.
Dislexia	Dificuldade de ler e compreender as palavras.
Étnico	Que tem laços raciais, linguísticos ou culturais com um grupo específico ou se origina de tais laços.
Hegemonia	Preponderância, supremacia.
Heterogêneo	Composto de partes constituintes diferentes quanto a espécie, qualidades ou características.
Produtividade	Rendimento de uma atividade econômica em função de tempo, área, capital, pessoal e outros fatores de produção.
Protagonista	Pessoa que, em qualquer acontecimento ou qualquer obra literária, desempenha ou ocupa o primeiro lugar.
Status quo (latim)	Locução que significa "situação inalterada".

Lista de siglas

BNCC	Base Nacional Comum Curricular
CACS	Conselhos de Acompanhamento e Controle Social
CBO	Classificação Brasileira de Ocupações
CEB	Câmara de Educação Básica
CNCT	Catálogo Nacional de Cursos Técnicos
CNE	Conselho Nacional de Educação
CNTE	Confederação Nacional dos Trabalhadores em Educação
Conae	Conferência Nacional de Educação
Coned	Congresso Nacional de Educação
Consed	Conselho Nacional de Secretários de Educação
DCN	Diretrizes Curriculares Nacionais
DCNEB	Diretrizes Curriculares Nacionais da Educação Básica
DCNEF	Diretrizes Curriculares Nacionais para o Ensino Fundamental

DCNEI	Diretrizes Curriculares Nacionais para a Educação Infantil
DCNEM	Diretrizes Curriculares Nacionais para o Ensino Médio
EaD	Educação a distância
ECA	Estatuto da Criança e do Adolescente
Encceja	Exame Nacional para Certificação de Competências de Jovens e Adultos
Enem	Exame Nacional do Ensino Médio
EJA	Educação de jovens e adultos
EPT	Educação Profissional e Tecnológica
FNDE	Fundo Nacional de Desenvolvimento da Educação
FNE	Fórum Nacional de Educação
Funai	Fundação Nacional do Índio
Fundeb	Fundo de Manutenção e Desenvolvimento da Educação Básica e de Valorização dos Profissionais da Educação
Fundef	Fundo de Manutenção e Desenvolvimento do Ensino Fundamental e de Valorização do Magistério
IBGE	Instituto Brasileiro de Geografia e Estatística
ICMS	Imposto sobre Circulação de Mercadorias e Serviços
Ideb	Índice de Desenvolvimento da Educação Básica
Inep	Instituto Nacional de Estudos e Pesquisas Educacionais Anísio Teixeira

LDBEN	Lei de Diretrizes e Bases da Educação Nacional
MEC	Ministério da Educação
ONGs	Organizações não governamentais
ONU	Organização das Nações Unidas
PDE	Programa de Desenvolvimento Educacional
PNAIC	Pacto Nacional de Alfabetização na Idade Certa
PNE	Plano Nacional de Educação
Pronera	Programa Nacional de Educação na Reforma Agrária
RCNEI	Referencial Curricular Nacional da Educação Infantil
Sase	Secretaria de Articulação com os Sistemas de Ensino
Secadi	Secretaria de Educação Continuada, Alfabetização, Diversidade e Inclusão
Sisu	Sistema Unificado de Seleção
SNE	Sistema Nacional de Educação
TEEs	Territórios etnoeducacionais
TGD	Transtornos globais de desenvolvimento
Undime	União dos Dirigentes Municipais de Educação do Paraná
Unesco	Organização das Nações Unidas para a Educação, a Ciência e a Cultura
VAAT	Valor anual total por aluno (ou Valor Aluno Ano Total)

Referências

AGUIAR, B. C. L. de. A instituição creche: apontamentos sobre sua história e papel. **Nuances**, v. 7, p. 30-35, set. 2001. Disponível em: <http://revista.fct.unesp.br/index.php/Nuances/article/viewFile/133/181>. Acesso em: 4 dez. 2022.

ALVES, L. Educação a distância: conceitos e história no Brasil e no mundo. **Revista da Associação Brasileira de Educação a Distância**, v. 10, p. 83-92, 2011. Disponível em: <http://www.abed.org.br/revistacientifica/Revista_PDF_Doc/2011/Artigo_07.pdf>. Acesso em: 4 dez. 2022.

AMARAL, N. C. Financiamento da educação básica e o PNE: ainda e sempre, muitos desafios. **Revista Retratos da Escola**, Brasília, v. 8, n. 15, p. 293-311, jul./dez. 2014. Disponível em: <http://www.esforce.org.br/index.php/semestral/article/view/443/574>. Acesso em: 4 dez. 2022.

ARANDA, M. A. de M. A participação como ponto de convergência na gestão da política educacional dos anos iniciais do século XXI. In: ENCONTRO NACIONAL DE DIDÁTICA E PRÁTICA DE ENSINO – ENDIPE, 15., 2010, Belo Horizonte. **Anais**... Belo Horizonte, 2010.

ARELARO, L. R. G.; KRUPPA, S. M. P. A educação de jovens e adultos. In: OLIVEIRA, R. P. de; ADRIÃO, T. (Org.). **Organização do ensino no Brasil**: níveis e modalidades na Constituição Federal e na LDB. 2. ed. São Paulo: Xamã, 2007. p. 85-105.

BARBOSA, I. G. et al. A educação Infantil no PNE: novo plano para antigas necessidades. **Revista Retratos da Escola**, Brasília, v. 8, n. 15, p. 505-518, jul./dez. 2014. Disponível em: <https://retratosdaescola.emnuvens.com.br/rde/article/view/456/587>. Acesso em: 8 dez. 2022.

BERGAMASCHI, M. A.; SOUSA, F. B. Territórios etnoeducacionais: ressituando a educação escolar indígena no Brasil. **Pro-Posições**, Campinas, v. 26, n. 2, p. 143-161, maio/ago. 2015. Disponível em: <http://www.scielo.br/scielo.php?script=sci_arttext&pid=S0103-73072015000200143&lng=pt&nrm=iso>. Acesso em: 4 dez. 2022.

BRASIL. Constituição (1988). **Diário Oficial da União**, Brasília, DF, 5 out. 1988. Disponível em: <http://www.planalto.gov.br/ccivil_03/Constituicao/Constituicao.htm>. Acesso em: 4 dez. 2022.

BRASIL. Constituição (1988). Emenda Constitucional n. 53, de 19 de dezembro de 2006. **Diário Oficial da União**, Poder Legislativo, Brasília, DF, 20 dez. 2006. Disponível em: <http://www.planalto.gov.br/ccivil_03/constituicao/emendas/emc/emc53.htm>. Acesso em: 4 dez. 2022.

BRASIL. Constituição (1988). Emenda Constitucional n. 59, de 11 de novembro de 2009. **Diário Oficial da União**, Poder Legislativo, Brasília, DF, 12 nov. 2009a. Disponível em: <http://www.planalto.gov.br/ccivil_03/constituicao/emendas/emc/emc59.htm>. Acesso em: 4 dez. 2022.

BRASIL. Constituição (1988). Emenda Constitucional n. 108, 27 de agosto de 2020. **Diário Oficial da União**, Poder Legislativo, Brasília, DF, 27 ago. 2020a. Disponível em: <https://www.planalto.gov.br/ccivil_03/constituicao/emendas/emc/emc108.htm>. Acesso em: 4 dez. 2022.

BRASIL. Decreto n. 2.208, de 17 de abril de 1997. **Diário Oficial da União**, Poder Executivo, Brasília, DF, 18 abr. 1997a. Disponível em: <http://www.planalto.gov.br/ccivil_03/decreto/D2208.htm>. Acesso em: 4 dez. 2022.

BRASIL. Decreto n. 5.154, de 23 de julho de 2004. **Diário Oficial da União**, Poder Executivo, Brasília, DF, 26 jul. 2004a. Disponível em: <http://www.planalto.gov.br/ccivil_03/_ato2004-2006/2004/decreto/d5154.htm>. Acesso em: 4 dez. 2022.

BRASIL. Decreto n. 5.622, de 19 de dezembro de 2005. **Diário Oficial da União**, Poder Executivo, Brasília, DF, 20 dez. 2005. Disponível em: <http://portal.mec.gov.br/sesu/arquivos/pdf/portarias/dec5.622.pdf>. Acesso em: 4 dez. 2022.

BRASIL. Decreto n. 6.861, de 27 de maio de 2009. **Diário Oficial da União**, Poder Executivo, Brasília, DF, 28 maio 2009b. Disponível em: <http://www.planalto.gov.br/ccivil_03/_ato2007-2010/2009/decreto/d6861.htm>. Acesso em: 4 dez. 2022.

BRASIL. Decreto n. 7.352, de 4 de novembro de 2010. **Diário Oficial da União**, Poder Executivo, Brasília, DF, 5 nov. 2010a. Disponível em: <http://www.planalto.gov.br/ccivil_03/_ato2007-2010/2010/decreto/d7352.htm>. Acesso em: 4 dez. 2022.

BRASIL. Decreto n. 7.611, de 17 de novembro de 2011. **Diário Oficial da União**, Poder Executivo, Brasília, DF, 18 nov. 2011. Disponível em: <http://www.planalto.gov.br/ccivil_03/_Ato2011-2014/2011/Decreto/D7611.htm>. Acesso em: 4 dez. 2022.

BRASIL. Lei n. 4.024, de 20 de dezembro de 1961. **Diário Oficial da União**, Poder Legislativo, Brasília, DF, 27 dez. 1961. Disponível em: <http://www.planalto.gov.br/CCIVIL_03/leis/L4024.htm>. Acesso em: 4 dez. 2022.

BRASIL. Lei n. 5.692, de 11 de agosto de 1971. **Diário Oficial da União**, Poder Legislativo, Brasília, DF, 12 ago. 1971. Disponível em: <http://www.planalto.gov.br/ccivil_03/leis/L5692.htm>. Acesso em: 4 dez. 2022.

BRASIL. Lei n. 8.069, de 13 de julho de 1990. **Diário Oficial da União**, Poder Legislativo, Brasília, 16 jul. 1990. Disponível em: <http://www.planalto.gov.br/ccivil_03/leis/l8069.htm>. Acesso em: 4 dez. 2022.

BRASIL. Lei n. 9.394, de 20 de dezembro de 1996. **Diário Oficial da União**, Poder Legislativo, Brasília, DF, 23 dez. 1996a. Disponível em: <http://www.planalto.gov.br/ccivil_03/LEIS/l9394.htm>. Acesso em: 4 dez. 2022.

BRASIL. Lei n. 9.424, de 24 de dezembro de 1996. **Diário Oficial da União**, Poder Legislativo, Brasília, DF, 26 dez. 1996b. Disponível em: <http://www.planalto.gov.br/ccivil_03/leis/L9424.htm>. Acesso em: 4 dez. 2022.

BRASIL. Lei n. 9.475, de 22 de julho de 1997. **Diário Oficial da União**, Poder Legislativo, Brasília, DF, 23 jul. 1997b. Disponível em: <https://www.planalto.gov.br/ccivil_03/Leis/L9475.htm>. Acesso em: 4 dez. 2022.

BRASIL. Lei n. 10.172, de 9 de janeiro de 2001. **Diário Oficial da União**, Poder Legislativo, Brasília, DF, 10 jan. 2001. Disponível em: <http://www.planalto.gov.br/ccivil_03/leis/leis_2001/l10172.htm>. Acesso em: 4 dez. 2022.

BRASIL. Lei n. 10.639, de 9 de janeiro de 2003. **Diário Oficial da União**, Poder Legislativo, Brasília, DF, 10 jan. 2003. Disponível em: <http://www.planalto.gov.br/ccivil_03/leis/leis_2001/l10172.htm>. Acesso em: 4 dez. 2022.

BRASIL. Lei n. 11.494, de 20 de junho de 2007. **Diário Oficial da União**, Poder Legislativo, Brasília, DF, 21 jun. 2007a. Disponível em: <http://www.planalto.gov.br/ccivil_03/_ato2007-2010/2007/lei/l11494.htm>. Acesso em: 4 dez. 2022.

BRASIL. Lei n. 11.645, de 10 de março de 2008. **Diário Oficial da União**, Poder Legislativo, Brasília, DF, 11 mar. 2008a. Disponível em: <http://www.planalto.gov.br/ccivil_03/_ato2007-2010/2008/lei/l11645.htm>. Acesso em: 4 dez. 2022.

BRASIL. Lei n. 12.796, de 4 de abril de 2013. **Diário Oficial da União**, Poder Legislativo, Brasília, DF, 5 abr. 2013a. Disponível em: <http://www.planalto.gov.br/ccivil_03/_ato2011-2014/2013/lei/l12796.htm>. Acesso em: 4 dez. 2022.

BRASIL. Lei n. 13.005, de 25 de junho de 2014. **Diário Oficial da União**, Poder Legislativo, Brasília, DF, 26 jun. 2014a. Disponível em: <http://www.planalto.gov.br/ccivil_03/_ato2011-2014/2014/lei/l13005.htm>. Acesso em: 4 dez. 2022.

BRASIL. Lei n. 13.146, de 6 de julho de 2015. **Diário Oficial da União**, Poder Legislativo, Brasília, DF, 7 jul. 2015a. Disponível em: <http://www.planalto.gov.br/ccivil_03/_Ato2015-2018/2015/Lei/L13146.htm>. Acesso em: 4 dez. 2022.

BRASIL. Lei n. 13.415, de 16 de fevereiro de 2017. **Diário Oficial da União**, Poder Legislativo, Brasília, DF, 17 fev. 2017a. Disponível em: <https://www.planalto.gov.br/ccivil_03/_ato2015-2018/2017/lei/l13415.htm>. Acesso em: 8 dez. 2022.

BRASIL. Lei n. 13.803, de 10 de janeiro de 2019. **Diário Oficial da União**, Poder Legislativo, Brasília, DF, 11 jan. 2019a. Disponível em: <http://www.planalto.gov.br/ccivil_03/_ato2019-2022/2019/lei/l13803.htm>. Acesso em: 4 dez. 2022.

BRASIL. Lei n. 14.113, de 25 de dezembro de 2020. **Diário Oficial da União**, Poder Legislativo, Brasília, DF, 25 dez. 2020b. Disponível em: <https://www.planalto.gov.br/ccivil_03/_ato2019-2022/2020/lei/L14113.htm#:~:text=LEI%20N%C2%BA%2014.113%2C%20DE%2025%20DE%20DEZEMBRO%20DE%202020&text=Regulamenta%20o%20Fundo%20de%20Manuten%C3%A7%C3%A3o,2007%3B%20e%20d%C3%A1%20outras%20provid%C3%AAncias>. Acesso em: 4 dez. 2022.

BRASIL. Medida Provisória n. 746, de 22 de setembro de 2016. **Diário Oficial da União**, Brasília, DF, 23 set. 2016a. Disponível em: <http://www.planalto.gov.br/ccivil_03/_Ato2015-2018/2016/Mpv/mpv746.htm>. Acesso em: 4 dez. 2022.

BRASIL. Ministério da Educação. Conselho Nacional de Educação. Câmara de Educação Básica. Parecer n. 5, de 4 de maio de 2011. Relator: José Fernandes de Lima. **Diário Oficial da União**, Brasília, DF, 24 jan. 2012a. Disponível em: <http://pactoensinomedio.mec.gov.br/images/pdf/pceb005_11.pdf>. Acesso em: 4 dez. 2022.

BRASIL. Ministério da Educação. Conselho Nacional de Educação. Câmara de Educação Básica. Parecer n. 13, de 10 de maio de 2012b. **Diário Oficial da União**, Brasília, DF, 15 jun. 2012. Disponível em: <http://portal.mec.gov.br/docman/marco-2012-pdf/10204-13-parecer-cne-ceb-14-99-diretrizes-curriculares-nacionais-da-educacao-escolar-indigena/file>. Acesso em: 8 dez. 2022.

BRASIL. Ministério da Educação. Conselho Nacional de Educação. Câmara de Educação Básica. Parecer n. 14, de 14 de setembro de 1999. **Diário Oficial da União**, Brasília, DF, 19 out. 1999a. Disponível em: <http://portal.mec.gov.br/docman/marco-2012-pdf/10204-13-parecer-cne-ceb-14-99-diretrizes-curriculares-nacionais-da-educacao-escolar-indigena/file>. Acesso em: 8 dez. 2022.

BRASIL. Ministério da Educação. Conselho Nacional de Educação. Câmara de Educação Básica. Parecer n. 15, de 1º de junho de 1998. Relatora: Guiomar Namo de Mello. **Diário Oficial da União**, Brasília, DF, 26 jun. 1998a. Disponível em: <http://portal.mec.gov.br/cne/arquivos/pdf/1998/pceb015_98.pdf>. Acesso em: 4 dez. 2022.

BRASIL. Ministério da Educação. Conselho Nacional de Educação. Câmara de Educação Básica. Parecer n. 16, de 5 de junho de 2012. Relatora: Guiomar Namo de Mello. **Diário Oficial da União**, Brasília, DF, 20 nov. 2012c. Disponível em: <http://etnicoracial.mec.gov.br/images/pdf/diretrizes_curric_educ_quilombola.pdf>. Acesso em: 4 dez. 2022.

BRASIL. Ministério da Educação. Conselho Nacional de Educação. Câmara de Educação Básica. Parecer n. 30, de 12 de setembro de 2000. Relator: Carlos Roberto Jamil Cury. **Diário Oficial da União**, Brasília, DF, 6 out. 2000. Disponível em: <http://portal.mec.gov.br/cne/arquivos/pdf/pceb030_00.pdf>. Acesso em: 4 dez. 2022.

BRASIL. Ministério da Educação. Conselho Nacional de Educação. Câmara de Educação Básica. Parecer n. 30, de 3 de julho de 2002. Relator: Ataíde Alves. **Diário Oficial da União**, Brasília, DF, 3 jul. 2002a. Disponível em: <http://portal.mec.gov.br/cne/arquivos/pdf/CEB030_2002.pdf>. Acesso em: 4 dez. 2022.

BRASIL. Ministério da Educação. Conselho Nacional de Educação. Câmara de Educação Básica. Resolução n. 1, de 3 de abril de 2002. **Diário Oficial da União**, Brasília, DF, 9 abr. 2002b. Disponível em: <http://portal.mec.gov.br/cne/arquivos/pdf/CEB012002.pdf>. Acesso em: 4 dez. 2022.

BRASIL. Ministério da Educação. Conselho Nacional de Educação. Câmara de Educação Básica. Resolução n. 1, de 2 de fevereiro de 2016. **Diário Oficial da União**, Brasília, DF, 3 fev. 2016b. Disponível em: <http://portal.mec.gov.br/index.php?option=com_docman&view=download&alias=33151-resolucao-ceb-n1-fevereiro-2016-pdf&Itemid=30192>. Acesso em: 4 dez. 2022.

BRASIL. Ministério da Educação. Conselho Nacional de Educação. Câmara de Educação Básica. Resolução n. 2, de 28 de abril de 2008. **Diário Oficial da União**, Brasília, DF, 29 abr. 2008b. Disponível em: <http://portal.mec.gov.br/arquivos/pdf/resolucao_2.pdf>. Acesso em: 4 dez. 2022.

BRASIL. Ministério da Educação. Conselho Nacional de Educação. Câmara de Educação Básica. Resolução n. 2, de 30 de janeiro de 2012. **Diário Oficial da União**, Brasília, DF, 31 jan. 2012d. Disponível em: <http://pactoensinomedio.mec.gov.br/images/pdf/resolucao_ceb_002_30012012.pdf>. Acesso em: 4 dez. 2022.

BRASIL. Ministério da Educação. Conselho Nacional de Educação. Câmara de Educação Básica. Resolução n. 3, de 26 de junho de 1998. **Diário Oficial da União**, Brasília, DF, 5 ago. 1998b. Disponível em: <http://portal.mec.gov.br/cne/arquivos/pdf/rceb03_98.pdf>. Acesso em: 4 dez. 2022.

BRASIL. Ministério da Educação. Conselho Nacional de Educação. Câmara de Educação Básica. Resolução n. 3, de 10 de novembro de 1999. **Diário Oficial da União**, Brasília, DF, 17 nov. 1999. Disponível em: <http://portal.mec.gov.br/cne/arquivos/pdf/rceb03_99.pdf>. Acesso em: 8 dez. 2022.

BRASIL. Ministério da Educação. Conselho Nacional de Educação. Câmara de Educação Básica. Resolução n. 4, de 2 de outubro de 2009. **Diário Oficial da União**, Brasília, DF, 5 out. 2009c. Disponível em: <http://portal.mec.gov.br/dmdocuments/rceb004_09.pdf>. Acesso em: 4 dez. 2022.

BRASIL. Ministério da Educação. Conselho Nacional de Educação. Câmara de Educação Básica. Resolução n. 5, de 17 de dezembro de 2009. **Diário Oficial da União**, Brasília, DF, 18 dez. 2009d. Disponível em: <https://www.portalsas.com.br/portal/pdf/Resolucao_n5.pdf>. Acesso em: 4 dez. 2022.

BRASIL. Ministério da Educação. Conselho Nacional de Educação. Câmara de Educação Básica. Resolução n. 5, de 22 de junho de 2012. **Diário Oficial da União**, Brasília, DF, 25 jun. 2012e. Disponível em: <http://portal.mec.gov.br/index.php?option=com_docman&view=download&alias=11074-rceb005-12-pdf&category_slug=junho-2012-pdf&Itemid=30192>. Acesso em: 4 dez. 2022.

BRASIL. Ministério da Educação. Conselho Nacional de Educação. Câmara de Educação Básica. Resolução n. 6, de 20 de setembro de 2012. **Diário Oficial da União**, Brasília, DF, 21 set. 2012f. Disponível em: <http://portal.mec.gov.br/index.php?option=com_docman&view=download&alias=11663-rceb006-12-pdf&category_slug=setembro-2012-pdf&Itemid=30192>. Acesso em: 4 dez. 2022.

BRASIL. Ministério da Educação. Conselho Nacional de Educação. Câmara de Educação Básica. Resolução n. 4/2010. **Diário Oficial da União**, Brasília, DF, 2010b. Disponível em: <https://www.sinpeem.com.br/lermais_materias.php?cd_materias=5331&friurl=_-Resolucao-CNECEB-no-42010-_>. Acesso em: 8 dez. 2022.

BRASIL. Ministério da Educação. Conselho Nacional de Educação. Câmara de Educação Básica. Resolução n. 7, de 14 de dezembro de 2010. **Diário Oficial da União**, Brasília, DF, 15 dez. 2010c. Disponível em: <http://portal.mec.gov.br/dmdocuments/rceb007_10.pdf>. Acesso em: 4 dez. 2022.

BRASIL. Ministério da Educação. Conselho Nacional de Educação. Câmara de Educação Básica. Resolução n. 3, de 21 de novembro de 2018. **Diário Oficial da União**, Brasília, DF, 22 nov. 2018a. Disponível em: <https://normativasconselhos.mec.gov.br/normativa/view/CNE_RES_CNECEBN32018.pdf>. Acesso em: 8 dez. 2022.

BRASIL. Ministério da Educação. Conselho Nacional de Educação. Câmara de Educação Básica. Resolução n. 4, de 17 de dezembro de 2018. **Diário Oficial da União**, Brasília, DF, 18 dez. 2018b. Disponível em: <https://normativasconselhos.mec.gov.br/normativa/view/CNE_RES_CNECPN42018.pdf>. Acesso em: 8 dez. 2022.

BRASIL. Ministério da Educação. Conselho Nacional de Educação. Câmara de Educação Básica. Resolução n. 8, de 20 de novembro de 2012. **Diário Oficial da União**, Brasília, DF, 21 nov. 2012g. Disponível em: <http://portal.mec.gov.br/index.php?option=com_docman&view=download&alias=11963-rceb008-12-pdf&category_slug=novembro-2012-pdf&Itemid=30192>. Acesso em: 4 dez. 2022.

BRASIL. Ministério da Educação. Conselho Nacional de Educação. Conselho Pleno. Resolução n. 1, de 17 de junho de 2004. **Diário Oficial da União**, Brasília, DF, 22 jun. 2004b. Disponível em: <http://portal.mec.gov.br/cne/arquivos/pdf/res012004.pdf>. Acesso em: 8 dez. 2022.

BRASIL. Ministério da Educação. Conselho Nacional de Educação. Conselho Pleno. Resolução n. 2, de 22 de dezembro de 2017. **Diário Oficial da União**, Brasília, DF, 22 dez. 2017b. Disponível em: <http://portal.mec.gov.br/index.php?option=com_docman&view=download&alias=79631-rcp002-17-pdf&category_slug=dezembro-2017-pdf&Itemid=30192>. Acesso em: 8 dez. 2022.

BRASIL. Ministério da Educação. Conselho Nacional de Educação. Parecer n. 15, de 15 de dezembro de 2017. **Diário Oficial da União**, Brasília, DF, 21 dez. 2017c. Disponível em: <https://normativasconselhos.mec.gov.br/normativa/view/CNE_PAR_CNECPN152017.pdf?query=BNCC>. Acesso em: 8 dez. 2022.

BRASIL. Ministério da Educação. Conselho Nacional de Educação. Secretaria de Educação Básica. **Base Nacional Comum Curricular**: educação é a base. Brasília, DF: MEC/Consed/UNDME. Disponível em: <http://basenacionalcomum.mec.gov.br/images/BNCC_EI_EF_110518_versaofinal_site.pdf>. Acesso em: 8 dez. 2022a.

BRASIL. Ministério da Educação. Fundo Nacional de Desenvolvimento da Educação. Conselho Deliberativo. Resolução n. 6, de 24 de abril de 2007. **Diário Oficial da União**, Brasília, DF, 25 abr. 2007b. Disponível em: <http://portal.mec.gov.br/arquivos/pdf/resolucao_n6_240407_proinfancia_medida18.pdf.pdf>. Acesso em: 4 dez. 2022.

BRASIL. Ministério da Educação. Fundo Nacional de Desenvolvimento da Educação. **Sobre o Proinfância**. Disponível em: <http://www.fnde.gov.br/programas/proinfancia/proinfancia-apresentacao>. Acesso em: 8 dez. 2022b.

BRASIL. Ministério da Educação. Novo Ensino Médio. Marco Legal. 23 mar. 2021. Disponível em: <https://www.gov.br/mec/pt-br/novo-ensino-medio/marco-legal>. Acesso em: 8 dez. 2022.

BRASIL. Ministério da Educação. **Orientações para Implementação da política de Educação Especial na Perspectiva da Educação Inclusiva**. Brasília, 2015b. Disponível em: <http://portal.mec.gov.br/index.php?option=com_docman&view=download&alias=17237-secadi-documento-subsidiario-2015&Itemid=30192>. Acesso em: 4 dez. 2022.

BRASIL. Ministério da Educação. **Pacto Nacional pela Alfabetização na Idade Certa**. Disponível em: <http://pacto.mec.gov.br/o-pacto>. Acesso em: 30 out. 2016c.

BRASIL. Ministério da Educação. Portaria n. 468, de 3 de abril de 2017. **Diário Oficial da União**, Brasília, DF, 4 abr. 2017d. Disponível em: <https://abmes.org.br/arquivos/legislacoes/Port-MEC-468-2017-04-03.pdf>. Acesso em: 8 dez. 2022.

BRASIL. Ministério da Educação. Portaria n. 1.432, de 28 de dezembro de 2018. **Diário Oficial da União**, Brasília, DF, 5 abr. 2019b. Disponível em: <https://www.in.gov.br/materia/-/asset_publisher/Kujrw0TZC2Mb/content/id/70268199>. Acesso em: 8 dez. 2022.

BRASIL. Ministério da Educação. **Projeto Escola que Protege**. Disponível em: <http://portal.mec.gov.br/busca-geral/307-programas-e-acoes-1921564125/projeto-escola-que-protege-1029103292/12361-projeto-escola-que-protege>. Acesso em: 30 out. 2016d.

BRASIL. Ministério da Educação. **Referencial Curricular Nacional para as Escolas Indígenas**. Brasília, DF, 1998c.

BRASIL. Ministério da Educação. Secretaria de Articulação com os Sistemas de Ensino. **Planejando a próxima década**: conhecendo as 20 metas do Plano Nacional de Educação. Brasília, DF, 2014b. Disponível em: <http://pne.mec.gov.br/images/pdf/pne_conhecendo_20_metas.pdf>. Acesso em: 4 dez. 2022.

BRASIL. Ministério da Educação. Secretaria de Educação Básica. Diretoria de Currículos e Educação Integral. Coordenação Geral do Ensino Médio. **Programa Ensino Médio Inovador**: documento orientador. 2013b. Disponível em: <http://portal.mec.gov.br/index.php?option=com_docman&view=download&alias=13249-doc-orientador-proemi2013-novo-pdf&category_slug=junho-2013-pdf&Itemid=30192>. Acesso em: 4 dez. 2022.

BRASIL. Ministério da Educação. Secretaria de Educação Básica. **Política de educação infantil no Brasil**: relatório de avaliação. Brasília: MEC/SEB/Unesco, 2009e. Disponível em: <http://portal.mec.gov.br/index.php?option=com_docman&view=download&alias=7873-politica-educacao-infantil-relatorio-avaliacao-260411-pdf&category_slug=abril-2011-pdf&Itemid=30192>. Acesso em: 4 dez. 2022.

BRASIL. Ministério da Educação. Secretaria de Educação Básica. Secretaria de Educação Continuada, Alfabetização, Diversidade e Inclusão. Secretaria de Educação Profissional e Tecnológica. Conselho Nacional de Educação. Câmara Nacional de Educação Básica. **Diretrizes Curriculares Nacionais da Educação Básica.** Brasília: MEC/SEB/Dicei, 2013c. Disponível em: <http://portal.mec.gov.br/index.php?option=com_docman&view=download&alias=15548-d-c-n-educacao-basica-nova-pdf&Itemid=30192>. Acesso em: 4 dez. 2022.

BRASIL. Ministério da Educação. Secretaria de Educação Continuada, Alfabetização, Diversidade e Inclusão. **Plano Nacional de Implementação das Diretrizes Curriculares Nacionais para Educação das Relações Etnicorraciais e para o Ensino de História e Cultura Afrobrasileira e Africana.** 2009f. Disponível em: <http://portal.mec.gov.br/index.php?option=com_docman&view=download&alias=10098-diretrizes-curriculares&Itemid=30192>. Acesso em: 4 dez. 2022.

BRASIL. Ministério da Educação. Secretaria de Educação Continuada, Alfabetização, Diversidade e Inclusão. **Programa de formação continuada de professores em educação escolar indígena.** Disponível em: <http://portal.mec.gov.br/secretaria-de-educacao-continuada-alfabetizacao-diversidade-e-inclusao/programas-e-acoes?id=17450>. Acesso em: 8 dez. 2022c.

BRASIL. Ministério da Justiça. Fundação Nacional do Índio. **Educação escolar indígena.** Disponível em: <http://www.funai.gov.br/index.php/educacao-escolar-indigena>. Acesso em: 31 out. 2016e.

BRASIL. Ministério da Justiça e Cidadania. Secretaria Especial de Direitos Humanos. **Crianças e adolescentes.** Disponível em: <http://www.sdh.gov.br/assuntos/criancas-e-adolescentes/programas/fortalecimento-de-conselhos/cadastro-nacional-dos-conselhos-tutelares-2>. Acesso em: 30 out. 2016f.

BRUEL, A. L. de O. **Políticas e legislação da educação básica no Brasil.** Curitiba: Ibpex, 2010.

BRZEZINSKI, I. Tramitação e desdobramentos da LDB/1996: embates entre projetos antagônicos de sociedade e de educação. **Trabalho, Educação e Saúde**, Rio de Janeiro, v. 8, n. 2, p. 185-206, jul./out. 2010. Disponível em: <http://www.scielo.br/scielo.php?script=sci_arttext&pid=S1981-77462010000200002&lng=pt&nrm=iso>. Acesso em: 4 dez. 2022.

CAMPOS, B. C.; CRUZ, B. de P. A. Impactos do Fundeb sobre a qualidade do ensino básico público: uma análise para os municípios do estado do Rio de Janeiro. **Revista de Administração Pública**, Rio de Janeiro, v. 43, n. 2, p. 371-393, mar./abr. 2009. Disponível em: <https://www.scielo.br/j/rap/a/v38H3mZbVp7bhxmTPfW6qBq/?format=pdf&lang=pt>. Acesso em: 8 dez. 2022.

CAMPOS, M. M.; ESPOSITO, Y. L.; GIMENES, N. A. S. A meta 1 do Plano Nacional de Educação: observando o presente de olho no futuro. **Revista Retratos da Escola**, Brasília, v. 8, n. 15, p. 329-352, jul./dez. 2014. Disponível em: <http://www.cnte.org.br/images/stories/retratos_da_escola/retratos_da_escola_15_2014.pdf>. Acesso em: 4 dez. 2022.

CAMPOS, M. M.; FÜLLGRAF, J.; WIGGERS, V. A qualidade da educação infantil brasileira: alguns resultados de pesquisa. **Cadernos de Pesquisa**, São Paulo, v. 36, n. 127, p. 87-128, jan./abr. 2006. Disponível em: <https://www.scielo.br/j/cp/a/npMXfZn8NzHzZMxsDsgzkPz/?format=pdf&lang=pt>. Acesso em: 8 dez. 2022.

COM o novo Fundeb, investimento em educação seria de R$ 35,2 bilhões apenas em 2020. **CPERS**, 21 dez. 2020. Disponível em: <https://cpers.com.br/com-o-novo-fundeb-investimento-em-educacao-seria-de-r-352-bilhoes-apenas-em-2020/>. Acesso em: 8 dez. 2022.

CONAE – Conferência Nacional de Educação. Inclusão, equidade e qualidade: compromisso com o futuro da educação brasileira. Documento de referência. Brasília, DF, 2021. Disponível em: <http://fne.mec.gov.br/images/conae2022/documentos/DOCUMENTO_REFERENCIA_CONAE_2022_APROVADO_30_07.pdf>. Acesso em: 8 dez. 2022.

CORRÊA, B. C. A educação infantil. In: OLIVEIRA, R. P. de; ADRIÃO, T. (Org.). **Organização do ensino no Brasil**: níveis e modalidades na Constituição Federal e na LDB. 2. ed. rev. e ampl. São Paulo: Xamã, 2007. p. 13-30.

CUNHA, L. A. O Sistema Nacional de Educação e o ensino religioso nas escolas públicas. **Educação & Sociedade**, Campinas, v. 34, n. 124, p. 925-941, jul./set. 2013. Disponível em: <http://www.scielo.br/scielo.php?script=sci_arttext&pid=S0101-73302013000300014&lng=pt&nrm=iso>. Acesso em: 4 dez. 2022.

CURY, C. R. J. A educação básica no Brasil. **Educação & Sociedade**, Campinas, v. 23, n. 80, p. 168-200, set. 2002a. Disponível em: <http://www.scielo.br/pdf/es/v23n80/12929.pdf>. Acesso em: 4 dez. 2022.

CURY, C. R. J. **Legislação educacional brasileira**. 2. ed. Rio de Janeiro: DP&A, 2002b. (Coleção O que Você Precisa Saber Sobre...).

CURY, C. R. J. O ensino médio no Brasil: histórico e perspectivas. **Educação em Revista**, Belo Horizonte, n. 27, p. 73-84, jul. 1998. Disponível em: <http://educa.fcc.org.br/pdf/edur/n27/n27a08.pdf>. Acesso em: 4 dez. 2022.

CZERNISZ, E. C. da S. Plano Nacional da Educação: os desafios para o ensino médio. **Revista Retratos da Escola**, Brasília, v. 8, n. 15, p. 519-532, jul./dez. 2014. Disponível em: <http://www.cnte.org.br/images/stories/retratos_da_escola/retratos_da_escola_15_2014.pdf>. Acesso em: 4 dez. 2022.

DI PIERRO, M. C. Notas sobre a redefinição da identidade e das políticas públicas de educação de jovens e adultos no Brasil. **Educação & Sociedade**, Campinas, v. 26, n. 92, p. 1115-1139, out. 2005. Disponível em: <http://www.scielo.br/scielo.php?script=sci_arttext&pid=S0101-73302005000300018&lng=pt&nrm=iso>. Acesso em: 4 dez. 2022.

DURAN, D. A educação a distância nas reuniões anuais da Anped: 2003-2013. In: REUNIÃO NACIONAL DA ANPED, 37., 2015, Florianópolis. Disponível em: <http://37reuniao.anped.org.br/wp-content/uploads/2015/02/Trabalho-GT16-4140.pdf>. Acesso em: 4 dez. 2022.

EDUCAÇÃO JÁ! Ensino médio: reestruturação da proposta de escola. Todos pela Educação; Movimento pela Base Nacional Comum. Disponível em: <https://www.todospelaeducacao.org.br/_uploads/_posts/313.pdf>. Acesso em: 8 dez. 2022.

FARAJ, S. P.; SIQUEIRA, A. C. O atendimento e a rede de proteção da criança e do adolescente vítima de violência sexual na perspectiva dos profissionais do Creas. **Barbarói**, Santa Cruz do Sul, n. 37, p. 67-87, jul./dez. 2012. Disponível em: <https://online.unisc.br/seer/index.php/barbaroi/article/view/2097/2357>. Acesso em: 4 dez. 2022.

FIORI, J. L. Neoliberalismo e políticas públicas. In: FIORI, J. L. **Os moedeiros falsos**. 5. ed. Petrópolis: Vozes, 1998. p. 211-239.

FREITAS, F. e S. de. **A diversidade cultural como prática na educação**. Curitiba: Ibpex, 2011.

HERMIDA, J. F.; BONFIM, C. R. de S. A educação a distância: história, concepções e perspectivas. **Revista HISTEDBR On-line**, Campinas, n. especial, p. 166-181, ago. 2006. Disponível em: <http://www.histedbr.fe.unicamp.br/revista/edicoes/22e/art11_22e.pdf>. Acesso em: 4 dez. 2022.

INEP – Instituto Nacional de Estudos e Pesquisas Educacionais Anísio Teixeira. **Competências gerais da nova BNCC**. Disponível em: <http://inep80anos.inep.gov.br/inep80anos/futuro/novas-competencias-da-base-nacional-comum-curricular-bncc/79>. Acesso em: 8 dez. 2022a.

INEP – Instituto Nacional de Estudos e Pesquisas Educacionais Anísio Teixeira. **Exame Nacional para Certificação de Competências de Jovens e Adultos (Encceja)**. Disponível em: <https://www.gov.br/inep/pt-br/areas-de-atuacao/avaliacao-e-exames-educacionais/encceja#:~:text=S%C3%A3o%20finalidades%20do%20Encceja%3A%20construir,Secretarias%20de%20Educa%C3%A7%C3%A3o%20para%20que>. Acesso em: 4 dez. 2022b.

ITAPETININGA. Prefeitura Municipal. **Itapetininga supera metas e atinge maior nota do Ideb em sua história**. 9 set. 2014. Disponível em: <https://www.itapetininga.sp.gov.br/noticia/561/itapetininga-supera-metas-e-atinge-maior-nota-do-ideb-em-sua-historia/>. Acesso em: 4 dez. 2022.

LAJOLO, L. **Antonio Gramsci**: uma vida. São Paulo: Brasiliense, 1982.

LARCHERT, J. M.; OLIVEIRA, M. W. de. Panorama da educação quilombola no Brasil. **Políticas Educativas**, Porto Alegre, v. 6, n. 2, p. 44-60, 2013. Disponível em: <http://seer.ufrgs.br/index.php/Poled/article/download/45656/28836>. Acesso em: 4 dez. 2022.

LUKÁCS, G. **O trabalho**. Tradução de Ivo Tonet. Alagoas: UFA, 1984. Disponível em: <http://www.afoiceeomartelo.com.br/posfsa/Autores/Lukacs,%20Georg/O%20TRABALHO%20-%20traducao%20revisada.pdf>. Acesso em: 4 dez. 2022.

MACHADO, M. M.; RODRIGUES, M. E. de C. A EJA na próxima década e a prática pedagógica do docente. **Revista Retratos da Escola**, Brasília, v. 8, n. 15, p. 383-395, jul./dez. 2014. Disponível em: <http://www.cnte.org.br/images/stories/retratos_da_escola/retratos_da_escola_15_2014.pdf>. Acesso em: 4 dez. 2022.

MANACORDA, M. A. **O princípio educativo em Gramsci**. Porto Alegre: Artes Médicas, 1990.

MARSCHNER, W. Lutando e ressignificando o rural em campo: notas epistemológicas. **Interações (Campo Grande)**, Campo Grande, v. 12, n. 1, p. 41-52, jan./jun. 2011. Disponível em: <https://www.scielo.br/j/inter/a/4gzMY8Dgv5S8t3pqfnZZy6B/?format=pdf&lang=pt>. Acesso em: 8 dez. 2022.

MEDIDA PROVISÓRIA. In: **DicionárioDireito**. Disponível em: <https://dicionariodireito.com.br/medida-provisoria>. Acesso em: 8 dez. 2022.

MELLO, S. L. de. Estatuto da criança e do adolescente: é possível torná-lo uma realidade psicológica? **Psicologia USP**, São Paulo, v. 10, n. 2, p. 139-151, 1999. Disponível em: <http://www.scielo.br/scielo.php?script=sci_arttext&pid=S0103-65641999000200010&lng=pt&nrm=iso>. Acesso em: 4 dez. 2022.

MICHAELIS. **Dicionário brasileiro da língua portuguesa**. Disponível em: <http://michaelis.uol.com.br/moderno/portugues/index.php>. Acesso em: 4 dez. 2022.

MOEHLECKE, S. O ensino médio e as novas Diretrizes Curriculares Nacionais: entre recorrências e novas inquietações. **Revista Brasileira de Educação**, v. 17, n. 49, p. 39-58, jan./abr. 2012. Disponível em: <http://www.scielo.br/pdf/rbedu/v17n49/a02v17n49.pdf>. Acesso em: 4 dez. 2022.

MONTE, F. F. de C. et al. Adolescentes autores de atos infracionais: psicologia moral e legislação. **Psicologia & Sociedade**, Florianópolis, v. 23, n. 1, p. 125-134, jan./abr. 2011. Disponível em: <http://www.scielo.br/scielo.php?script=sci_arttext&pid=S0102-71822011000100014&lng=pt&nrm=iso>. Acesso em: 4 dez. 2022.

OBSERVATÓRIO DO PNE. **Alfabetização e alfabetismo funcional de jovens e adultos**. Disponível em: <https://www.observatoriodopne.org.br/meta/alfabetizacao-e-alfabetismo-funcional-de-jovens-e-adultos>. Acesso em: 4 dez. 2022.

OLIVEIRA, A. P. G. de; MILNITSKY-SAPIRO, C. Políticas públicas para adolescentes em vulnerabilidade social: abrigo e provisoriedade. **Psicologia: Ciência e Profissão**, Brasília, v. 27, n. 4, p. 623-635, dez. 2007. Disponível em: <http://www.scielo.br/scielo.php?script=sci_arttext&pid=S1414-98932007000400005&lng=pt&nrm=iso>. Acesso em: 4 dez. 2022.

OLIVEIRA, R. P. de; ADRIÃO, T. (Org.). **Organização do ensino no Brasil**: níveis e modalidades na Constituição Federal e na LDB. 2. ed. São Paulo: Xamã, 2007.

PARECER. In: **DicionárioDireito**. Disponível em: <https://dicionariodireito.com.br/parecer>. Acesso em: 8 dez. 2022.

PINTO, J. M. de R. A política recente de fundos para o financiamento da educação e seus efeitos no pacto federativo. **Educação & Sociedade**, Campinas, v. 28, n. 100, p. 877-897, out. 2007a. Disponível em: <http://www.scielo.br/scielo.php?script=sci_arttext&pid=S0101-73302007000300012&lng=pt&nrm=iso>. Acesso em: 4 dez. 2022.

PINTO, J. M. de R. O ensino médio. In: OLIVEIRA, R. P.; ADRIÃO, T. (Org.). **Organização do ensino no Brasil**: níveis e modalidades na Constituição Federal e na LDB. 2. ed. São Paulo: Xamã, 2007b. p. 47-72.

PLANO Nacional de Educação: proposta da sociedade brasileira. Belo Horizonte, 1997. Disponível em: <http://www.fedepsp.org.br/documentos/PNE%20-%20proposta%20da%20sociedade%20brasileira.pdf>. Acesso em: 4 dez. 2022.

PORTARIA. In: **DicionárioDireito**. Disponível em: <https://dicionariodireito.com.br/portaria>. Acesso em: 8 dez. 2022.

RIBEIRO, V. M. Alfabetismo funcional: referências conceituais e metodológicas para a pesquisa. **Educação & Sociedade**, Campinas, v. 18, n. 60, p. 144-158, dez. 1997.

RICCI, A. **A educação infantil e o programa Proinfância**: organização, impactos e desafios. 2014. Disponível em: <http://www.grupeci.fe.ufg.br/up/693/o/TR19.PDF>. Acesso em: 4 dez. 2022.

RESOLUÇÃO. In: **DireitoNet**, 11 nov. 2009. Disponível em: <https://www.direitonet.com.br/dicionario/exibir/877/Resolucao>. Acesso em: 8 dez. 2022.

SANTOS, L. L. Diretrizes curriculares nacionais para o ensino fundamental de 9 anos e o Plano Nacional de Educação: abrindo a discussão. **Educação & Sociedade**, Campinas, v. 31, n. 112, p. 833-850, jul./set. 2010. Disponível em: <http://www.scielo.br/scielo.php?script=sci_arttext&pid=S0101-73302010000300010&lng=pt&nrm=iso>. Acesso em: 4 dez. 2022.

SAVIANI, D. **A nova lei da educação (LDB)**: trajetória, limites e perspectivas. Campinas: Autores Associados, 1997.

SAVIANI, D. **Educação brasileira**: estrutura e sistema. 11. ed. Campinas: Autores Associados, 2012.

SAVIANI, D. **Pedagogia histórico-crítica**: primeiras aproximações. 5. ed. Campinas: Autores Associados, 1995.

SAVIANI, D. **Sistema de educação**: subsídios para a Conferência Nacional de Educação. Brasília, 2009. Disponível em: <http://conae.mec.gov.br/images/stories/pdf/conae_dermevalsaviani.pdf>. Acesso em: 4 dez. 2022.

SAVIANI, D. Sistemas de ensino e planos de educação: o âmbito dos municípios. **Educação & Sociedade**, Campinas, v. 20, n. 69, p. 119-136, dez. 1999. Disponível em: <http://www.scielo.br/scielo.php?script=sci_arttext&pid=S0101-73301999000400006&lng=en&nrm=iso>. Acesso em: 4 dez. 2022.

SILVA, A. F. A. e. Estatuto da criança e do adolescente: avaliação histórica. **Educar em Revista**, Curitiba, n. 15, p. 1-3, jan./dez. 1999. Disponível em: <http://www.scielo.br/scielo.php?script=sci_arttext&pid=S0104-40601999000100003&lng=pt&nrm=iso>. Acesso em: 4 dez. 2022.

SILVA, C. V. M. da; FRANCISCHINI, R. O surgimento da educação infantil na história das políticas públicas para a criança no Brasil. **Práxis Educacional**, Vitória da Conquista, v. 8, n. 12, p. 257-276, jan./jun. 2012. Disponível em: <http://periodicos.uesb.br/index.php/praxis/article/viewFile/746/718>. Acesso em: 4 dez. 2022.

SOUSA, S. Z. L.; PRIETO, R. G. A educação especial. In: OLIVEIRA, R. P.; ADRIÃO, T. (Org.). **Organização do ensino no Brasil**: níveis e modalidades na Constituição Federal e na LDB. 2. ed. São Paulo: Xamã, 2007. p. 123-137.

SOUZA, D. B. de; FARIA, L. C. M. de (Org.). **Desafios da educação municipal**. Rio de Janeiro: DP&A, 2003.

STREMEL, S. Ciclos de aprendizagem no Brasil: uma análise das contribuições de pesquisas acadêmicas. In: CONGRESSO NACIONAL DE EDUCAÇÃO – EDUCERE, 9., 2009, Curitiba. **Anais**... Curitiba: PUCPR, 2009. Disponível em: <http://www.pucpr.br/eventos/educere/educere2009/anais/pdf/2102_1111.pdf>. Acesso em: 4 dez. 2022.

TRANSPARÊNCIA BRASIL. **Obra transparente**: Proinfância ou problema na infância? Os desafios na construção de creches e escolas em municípios brasileiros. Undef; Observatório Social do Brasil, jun. 2019. Disponível em: <https://www.transparencia.org.br/downloads/publicacoes/Obra%20Transparente%200706.pdf>. Acesso em: 8 dez. 2022.

UNESCO – Organização das Nações Unidas para a Educação, a Ciência e a Cultura. **Declaração de Salamanca sobre princípios, política e práticas na área das necessidades educativas especiais**. Salamanca, 1994. Disponível em: <http://unesdoc.unesco.org/images/0013/001393/139394por.pdf>. Acesso em: 4 dez. 2022.

VIEIRA, E. **Os direitos e a política social**. São Paulo: Cortez, 2004.

Bibliografia comentada

BRUEL, A. L. de O. **Políticas e legislação da educação básica no Brasil**. Curitiba: Ibpex, 2010.

A autora da obra aborda, de forma crítica, os níveis e as etapas de ensino no Brasil. Além disso, trata das questões acerca da organização e da estrutura do ensino do ponto de vista das políticas educacionais, ressaltando questões como financiamento da educação, legislação educacional e formação de professores.

CURY, C. R. J. **Legislação educacional brasileira**. 2. ed. Rio de Janeiro: DP&A, 2002. (Coleção O que Você Precisa Saber Sobre...).

Essa obra trata da organização do ensino no Brasil do ponto de vista da legislação educacional. Entre os assuntos abordados pelo autor estão a origem etimológica do termo *legislação*, a universidade e o ensino superior, as competências e os recursos, os profissionais do ensino, os órgãos executivos e normativos, a educação e a diferença e a questão internacional.

OLIVEIRA, R. P. de; ADRIÃO, T. (Org.). **Organização do ensino no Brasil**: níveis e modalidades na Constituição Federal e na LDB. 2. ed. São Paulo: Xamã, 2007.

Trata-se de uma coletânea voltada para a formação de professores, a qual aborda os diferentes níveis e etapas de ensino. De modo geral, abrange a organização, a estrutura e o funcionamento da educação formal brasileira, trazendo questões como legislação e políticas educacionais. Dá enfoque a questões referentes à Constituição Federal de 1988 e à Lei de Diretrizes e Bases da Educação Nacional – LDBEN (Lei n. 9.394/1996).

SAVIANI, D. **Educação brasileira**: estrutura e sistema. 11. ed. Campinas: Autores Associados, 2012.

Nesse livro, considerando a perspectiva da pedagogia histórico-crítica, Saviani aborda a questão do sistema de ensino no Brasil. O autor discute o conceito de *sistema de ensino* questionando se, de fato, existe um sistema de ensino único no Brasil. Abrange também tópicos como centralização e descentralização do ensino, bem como escola pública e privada. Toda a obra é perpassada pela discussão filosófica sobre a ação humana sistematizadora.

SAVIANI, D. **Pedagogia histórico-crítica**: primeiras aproximações. 5. ed. Campinas: Autores Associados, 1995.

Esse livro pode ser considerado um clássico da literatura educacional no Brasil. Nele, Saviani apresenta as bases teórico-epistemológicas da concepção da pedagogia histórico-crítica que se fortaleceu no país na década de 1980. Temas como o conhecimento científico, a função social da escola e a relação educação e sociedade são centrais em toda a obra.

VIEIRA, E. **Os direitos e a política social**. São Paulo: Cortez, 2004.

Esse livro trata de questões relacionadas a direitos, igualdade e democracia no contexto contraditório da sociedade capitalista. Apresenta definições de políticas públicas, sociais e econômicas e enfatiza a política educacional como um tipo específico de política social. Indica que, no contexto do capitalismo, as políticas sociais, muitas vezes, estão subsumidas às políticas econômicas.

Anexo

Metas do Plano Nacional de Educação – Lei n.13.005/2014 (2014-2024)[1]

Meta 1: universalizar, até 2016, a educação infantil na pré-escola para as crianças de 4 (quatro) a 5 (cinco) anos de idade e ampliar a oferta de educação infantil em creches, de forma a atender, no mínimo, 50% (cinquenta por cento) das crianças de até 3 (três) anos até o final da vigência deste PNE.

Meta 2: universalizar o ensino fundamental de 9 (nove) anos para toda a população de 6 (seis) a 14 (quatorze) anos e garantir que pelo menos 95% (noventa e cinco por cento) dos alunos concluam essa etapa na idade recomendada, até o último ano de vigência deste PNE.

---

1 BRASIL. Ministério da Educação. Secretaria de Articulação com os Sistemas de Ensino. **Planejando a próxima década**: conhecendo as 20 metas do Plano Nacional de Educação. Brasília, DF, 2014. Disponível em: <http://pne.mec.gov.br/images/pdf/pne_conhecendo_20_metas.pdf>. Acesso em: 8 jan. 2023.

Meta 3: universalizar, até 2016, o atendimento escolar para toda a população de 15 (quinze) a 17 (dezessete) anos e elevar, até o final do período de vigência deste PNE, a taxa líquida de matrículas no ensino médio para 85% (oitenta e cinco por cento).

Meta 4: universalizar, para a população de 4 (quatro) a 17 (dezessete) anos com deficiência, transtornos globais do desenvolvimento e altas habilidades ou superdotação, o acesso à educação básica e ao atendimento educacional especializado, preferencialmente na rede regular de ensino, com a garantia de sistema educacional inclusivo, de salas de recursos multifuncionais, classes, escolas ou serviços especializados, públicos ou conveniados.

Meta 5: alfabetizar todas as crianças, no máximo, até o final do 3º (terceiro) ano do ensino fundamental.

Meta 6: oferecer educação em tempo integral em, no mínimo, 50% (cinquenta por cento) das escolas públicas, de forma a atender, pelo menos, 25% (vinte e cinco por cento) dos(as) alunos(as) da educação básica.

Meta 7: fomentar a qualidade da educação básica em todas as etapas e modalidades, com melhoria do fluxo escolar e da aprendizagem, de modo a atingir as seguintes médias nacionais para o Ideb: 6,0 nos anos iniciais do ensino fundamental; 5,5 nos anos finais do ensino fundamental; 5,2 no ensino médio.

Meta 8: elevar a escolaridade média da população de 18 (dezoito) a 29 (vinte e nove) anos, de modo a alcançar, no mínimo, 12 (doze) anos de estudo no último ano de vigência deste plano, para as populações do campo, da região de menor escolaridade no País e dos 25% (vinte e cinco por cento) mais pobres, e igualar a escolaridade média entre negros e não negros declarados à Fundação Instituto Brasileiro de Geografia e Estatística – IBGE.

Meta 9: elevar a taxa de alfabetização da população com 15 (quinze) anos ou mais para 93,5% (noventa e três inteiros e cinco décimos por cento) até 2015 e, até o final da vigência deste PNE, erradicar o analfabetismo absoluto e reduzir em 50% (cinquenta por cento) a taxa de analfabetismo funcional.

Meta 10: oferecer, no mínimo, 25% (vinte e cinco por cento) das matrículas de educação de jovens e adultos, nos ensinos fundamental e médio, na forma integrada à educação profissional.

Meta 11: triplicar as matrículas da educação profissional técnica de nível médio, assegurando a qualidade da oferta e pelo menos 50% (cinquenta por cento) da expansão no segmento público.

Meta 12: elevar a taxa bruta de matrícula na educação superior para 50% (cinquenta por cento) e a taxa líquida para 33% (trinta e três por cento) da população de 18 (dezoito) a 24 (vinte e quatro) anos, assegurada a qualidade da oferta e expansão para, pelo menos, 40% (quarenta por cento) das novas matrículas, no segmento público.

Meta 13: elevar a qualidade da educação superior e ampliar a proporção de mestres e doutores do corpo docente em efetivo exercício no conjunto do sistema de educação superior para 75% (setenta e cinco por cento), sendo, do total, no mínimo, 35% (trinta e cinco por cento) doutores.

Meta 14: elevar gradualmente o número de matrículas na pós-graduação stricto sensu, de modo a atingir a titulação anual de 60.000 (sessenta mil) mestres e 25.000 (vinte e cinco mil) doutores.

Meta 15: garantir, em regime de colaboração entre a União, os Estados, o Distrito Federal e os Municípios, no prazo de 1 (um) ano de vigência deste PNE, política nacional de formação dos profissionais da educação de que tratam os incisos I, II e III do caput do art. 61 da Lei n. 9.394, de 20 de dezembro de 1996, assegurado que todos os professores e as professoras da educação básica possuam formação específica de nível superior, obtida em curso de licenciatura na área de conhecimento em que atuam.

Meta 16: formar, em nível de pós-graduação, 50% (cinquenta por cento) dos professores da educação básica, até o último ano de vigência deste PNE, e garantir a todos(as) os(as) profissionais da educação básica formação continuada em sua área de atuação, considerando as necessidades, demandas e contextualizações dos sistemas de ensino.

Meta 17: valorizar os(as) profissionais do magistério das redes públicas de educação básica, de forma a equiparar seu rendimento médio ao dos(as) demais profissionais com escolaridade equivalente, até o final do sexto ano de vigência deste PNE.

Meta 18: assegurar, no prazo de 2 (dois) anos, a existência de planos de carreira para os(as) profissionais da educação básica e superior pública de todos os sistemas de ensino e, para o plano de carreira dos(as) profissionais da educação básica pública, tomar como referência o piso salarial nacional profissional, definido em lei federal, nos termos do inciso VIII do art. 206 da Constituição Federal.

Meta 19: assegurar condições, no prazo de 2 (dois) anos, para a efetivação da gestão democrática da educação, associada a critérios técnicos de mérito e desempenho e à consulta pública à comunidade escolar, no âmbito das escolas públicas, prevendo recursos e apoio técnico da União para tanto.

Meta 20: ampliar o investimento público em educação pública de forma a atingir, no mínimo, o patamar de 7% (sete por cento) do Produto Interno Bruto (PIB) do País no 5º (quinto) ano de vigência desta Lei e, no mínimo, o equivalente a 10% (dez por cento) do PIB ao final do decênio.

Respostas

Capítulo 1

Atividades de autoavaliação

1. a
2. c
3. b
4. b
5. b

Capítulo 2

Atividades de autoavaliação

1. b
2. d
3. b
4. a
5. b

Capítulo 3

Atividades de autoavaliação

1. d
2. d
3. b
4. c
5. c

Capítulo 4

Atividades de autoavaliação

1. a
2. d
3. b
4. a
5. d

Capítulo 5

Atividades de autoavaliação

1. d
2. b
3. d
4. a
5. a

Sobre os autores

Kátia Cristina Dambiski Soares é doutora em Educação (2008) pela Universidade Federal de Santa Catarina (UFSC), mestra em Educação (2003) pela Universidade Federal do Paraná (UFPR) e especialista em Filosofia Política (1996) e em Organização do Trabalho Pedagógico (2000) pelo Centro Universitário Internacional Uninter, graduada em Pedagogia (1991) pela UFPR e em Filosofia (2020) pelo Centro Universitário Internacional Uninter. Atualmente, é professora do curso de graduação em Pedagogia do Centro Universitário Internacional Uninter e pedagoga da Rede Municipal de Ensino de Araucária-PR.

Marcos Aurélio Silva Soares é mestre em Educação (2005) pela Universidade Federal do Paraná (UFPR), especialista em Desenvolvimento de Recursos Humanos (1988) pela Pontifícia Universidade Católica do Paraná (PUCPR), em Metodologia e Administração do Ensino Superior (1995) pela Universidade Positivo (UP), em Organização do Trabalho Pedagógico (2000) pela UFPR e em Formação Docente para EaD (2019) pelo Centro Universitário Internacional Uninter, e graduado em Pedagogia (1988) pela Universidade Tuiuti do Paraná (UTP). Atualmente, é professor do curso de graduação em Pedagogia e Coordenador de cursos na área de Educação da Pós-Graduação do Centro Universitário Internacional Uninter e pedagogo da Rede Municipal de Ensino de Araucária-PR.

Impressão:
Janeiro/2023